Les 13 desserts
en
Provence

L'éditeur remercie particulièrement le musée « Souleiado » de Tarascon pour l'impression du tissu de couverture de ce livre.

Ce très beau tissu provençal se nomme « Fleur d'Arles » rouge, graphisme symbolique de ce périmètre provençal que l'on appelle « Pays d'Arles ». L'Art de vivre en Arlésie est présent et vibrant du savoir ancestral de nos aïeules.

Nous aimons à partager une recette, ainsi que les multiples traditions de Noël.

Première édition

Philippe Galmiche
Lou Camp Dautibet
12400 Saint-Affrique
Tél : 05 65 49 15 14

ISBN : 2-912690-09-9

Imprimé en France par SEPEC, 01960 Péronnas
n° d'impression : 586751, dépôt légal mai 2003

Les 13 desserts
en
Provence

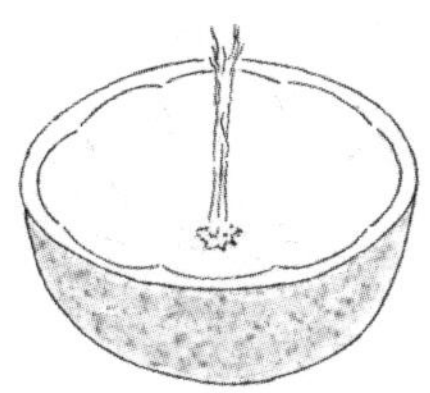

René Husson

Illustrations : Christiane Galmiche

Fleurines

À mamie Renée,

qui a toujours aimé la douceur,
la ferveur et le climat de bonheur
des Noëls en Provence,

Préface

La Provence vit ses traditions de Noël avec ferveur. La fête de la Nativité revêt dans cette région de France une très grande importance et se célèbre dans la joie de mille symboles.

Pendant l'Avent, c'est à dire pendant les quatre semaines précédent Noël, les Provençaux préparent la fête. Chaque famille sème le blé à la Sainte Barbe, confectionne la crèche, décore la maison, sans oublier les derniers préparatifs du gros souper et bien sûr des fameux treize desserts.

En feuilletant ces pages, vous allez rencontrer des recettes et des traditions qui remontent aux temps de la « Provincia Romana ». Depuis, les traditions ont survolé les âges se formalisant au vingtième siècle sous l'appellation des « Treize desserts ». La tradition des treize desserts honore nos produits de terroir : fruits secs, pommes et poires, gâteaux moelleux ou secs à l'huile d'olive.

Convivialité et simplicité ont pérennisé le succès des treize desserts en Provence. Ils mettent en fête toute la famille des petits-enfants aux (arrières-) grands-parents. Les treize desserts sont l'abondance partagée de gourmandises simples, l'expression d'une foi chrétienne. Ils symbolisent l'attachement au terroir et ont un petit côté porte-bonheur dans la bonne humeur.

RH

Les treize desserts en Provence

Treize gourmandises, sorties d'une corne d'abondance à l'occasion des fêtes de Noël, s'offrent à notre plaisir. Ce sont les treize desserts présentés sur une table verdie par le blé en herbe de la Sainte Barbe et la bouteille de vin cuit aux parfums enivrants.

C'est une des traditions de Noël les mieux perpétuées et les plus connues des Provençaux et même du reste du monde grâce à nos voyageurs de tous les continents et à nos grands chefs qui s'inspirent des treize desserts et mendiants pour leur carte de Noël.

Les néophytes sont étonnés par le nombre de desserts : Treize, le chiffre porte-bonheur en Provence !
En fait le nombre de desserts n'est pas imposé, ce qu'il faut retenir c'est qu'il y en a beaucoup.
Avec le temps, ce nombre a varié de 7, 11, 12, 18 à plus de 20, puis le nombre 13, nombre biblique de la Cène (dernier repas de Jésus entouré de ses douze apôtres) a fait l'unanimité.

Jean Giono aimait l'image de la Provence aux mille facettes, toutes douces et belles : Provence Côtière, Provence Verte, Provence Comtadine, Provence Alpine, Provence de Daudet, Provence de Zola et Cézanne, Provence de Giono, Provence de Mistral, Provence de Pagnol...

Ces mille facettes se retrouvent également dans la composition des treize desserts : à Aix ils n'existent pas sans la douceur du calisson, à Apt sans les fruits confits, à Arles sans la fougasse ou le gibassié que l'on rompt, à Carpentras sans les berlingots, à Collobrières sans les marrons glacés...

La composition des treize desserts diffère par pays de Provence, par ville, voire par famille, chaque maîtresse de maison ajoutant sa petite touche personnelle.

L'important, c'est l'utilisation de produits du terroir : pommes, coings, amandes, huile d'olive... Nos bons fruits gorgés de sucre du soleil donnent de bons desserts. Petit rappel, l'olive est un fruit !

Aux produits de terroir, s'ajoutent les produits arrivés en Provence en grandes quantités et donc à prix abordables comme les agrumes venus d'Espagne ou de plus loin par bateaux.

Le concept des treize desserts est plus dans l'esprit que dans la lettre, rien n'est obligatoire ni figé mais il est quand même bien de trouver sur la table des treize desserts la fougasse ou gibassié ou pompe, les nougats, les mendiants en coque, les agrumes et les confiseries.

Voici la composition la plus habituelle des Treize desserts :

Pâtisserie

Nougat blanc, Nougat noir

Amandes, Figues, Noix ou Noisettes, Raisins

Pruneaux ou dattes

Pommes, Oranges, Melon vert

Biscuits

Confiserie

Pâtisserie

La pâtisserie la plus traditionnelle est la fougasse avec ses variantes gibassié, pompes à l'huile. La pure fougasse est à l'huile. L'introduction de beurre est récente afin de composer entre moelleux et craquant. Certains gibassiés sont devenus une spécialité à base de pâte sablée. Une bonne fougasse à l'huile d'olive de la vallée des baux c'est quand même la référence! Elle est indispensable dans les treize desserts en Provence Mistralienne et à Marseille.

Mais on savoure également en Provence Comtadine, en Provence Verte ou Montagneuse des tartes, cakes ou pains d'épices en complément ou remplacement de la fougasse.

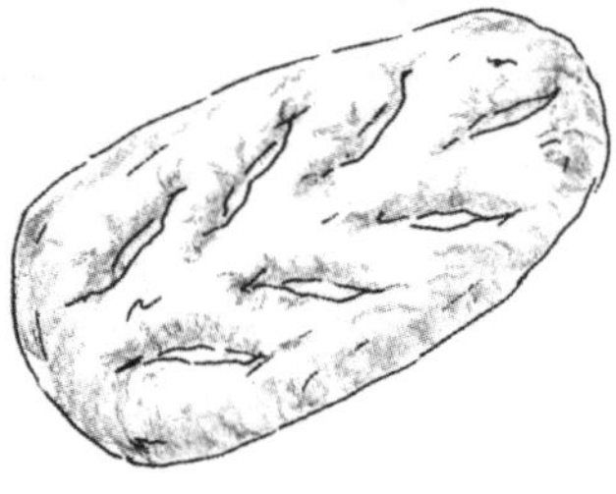

Nougat blanc

Le nougat doit son nom au provençal « nougat », comme toute friandise il est entouré d'anecdotes et de légendes. Au pied du Ventoux les saltèsiens affirment avoir hérité de la recette du roi mage Gaspard (Voir page 88 « La légende du vrai nougat de Sault-en-Provence »).

Entre autres anecdotes, voici celle de tatie Manon qui offrait à chaque visite de ses nièces Lisa et Lina une gourmandise dont elle gardait la recette secrète. À chaque dégustation les nièces s'écriaient crescendo « Tante, tu nous gâtes ». Lorsque tante Manon partit pour l'au-delà, Lina retrouva la recette qui devint la recette du « nous gâtes », le nougat.

Le nougat blanc est présenté entouré d'un petit ruban bleu.

Nougat noir

Le nougat que l'on concocte le plus couramment dans les chaumières. Il est présenté entouré d'un petit ruban rouge.

Le contraste nougat blanc, nougat noir, ruban bleu, ruban rouge colorise la déco de la table des treize desserts.

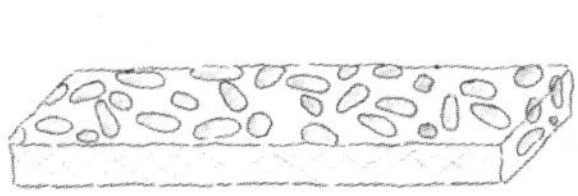

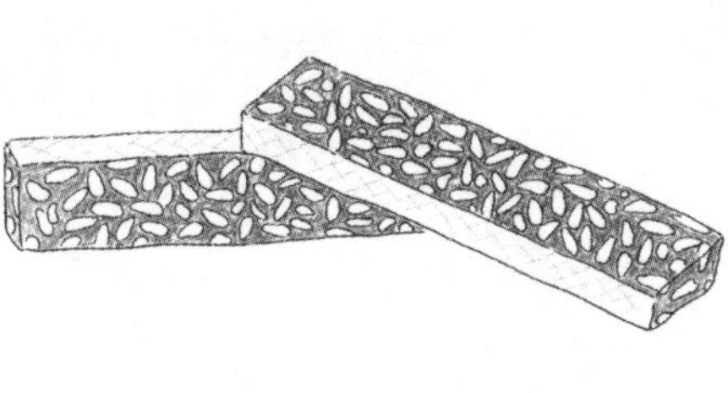

Les quatre mendiants

Voici les incontournables fruits secs dits « les mendiants » dont la coque ou l'enveloppe rappelle la couleur de robe des quatre premiers ordres mendiants : Carmes, Franciscains, Augustins, Dominicains.

Moelleux ou oléagineux, ils sont si réconfortants et reconstituants à l'entrée de l'hiver. Les fruits secs aident autant à l'effort intellectuel que physique. Ils doivent être présents en coque ou séchés.

Amandes

Carme

L'excellence des fruits secs et le plus représentatif de la Provence. L'amandier est le premier fruitier à fleurir dès janvier. C'est beau et ça réjouit le cœur en cette saison pauvre en floraison.

Les Provençaux n'ont pas attendu les résultats d'études modernes pour croquer l'amande. Ces études ont démontré le bienfait des amandes sur l'organisme notamment avec le médiatique acide gras oméga 3.

En grignoter 3 à 5 par jour, c'est excellent !

Figues

Franciscain

Les figuiers ont toujours été prolifiques en Provence, ils se plaisent partout jusque dans les grandes villes comme Marseille.
Ils ont fait la joie et le petit argent de poche des jeunes Provençaux qui vendaient leur récolte dans les épiceries et restaurants. Les feuilles de figuiers, premiers vêtements d'Adam et Eve, font toujours le bonheur des jardiniers qui profitent de leur ombre.

Noix ou Noisettes

Augustin

Elles ont les mêmes vertus régulatrices et anti-stress que les amandes.
Le noyer et le figuier poussent à l'état sauvage en campagne, ils sont appréciés l'automne pour leurs fruits et l'été pour leur ombre.

Raisins

Dominicain

Il s'agit du raisin sec ou séché, différent du raisin pendu conservé au grenier. Ce dernier fait partie des fruits frais conservés.

Pruneaux ou dattes

Les pruneaux gorgés de soleil de Provence et de Corse ou les dattes en souvenir de la fuite de la Sainte Famille en Egypte pour échapper au roi Hérode, l'infanticide. Marie aurait esquissé un « Oh » d'admiration devant les fruits superbes d'un dattier égyptien. Depuis les noyaux de dattes ont mémorisé cette image pieuse en imprimant un « O » sur une face et le sourire de Marie sur l'autre face.

Les abricots secs reviennent sur les tables, c'est également une source gourmande de magnésium et de provitamine A.

Ils peuvent être faits maison, séchés sur claie ou dans le four à température très basse mais ils se gardent moins bien que les abricots secs du commerce.

Dans les Maures, ce sont les châtaignes bouillies, grillées ou glacées qui sont à l'honneur.

Pommes

Les pommes qui se conservent si bien en gardant leurs atours et leurs saines propriétés. Les romains l'appelaient « Le Fruit ». La Provence est le premier producteur français de ce fruit biblique si bon pour le bien-être grâce à ses vitamines, fibres, potassium et autres minéraux oligos-éléments anti-cholestérol. Choisissez les pommes de Provence, les pommes de goût !

La poire peut accompagner la pomme, les deux fruits de garde de toujours. Aujourd'hui on trouve couramment à l'étal de l'épicier les poires d'hiver comice, conférence ou passe-crassane, sans oublier la petite poire de Saint-Jean.

Oranges

Les agrumes affluent par bateaux et camions pour le temps de Noël. Les oranges, en bonne place dans les treize desserts, sont un prélude à la venue des Rois Mages d'orient.

La vue des oranges et mandarines brillantes comme autant de soleils et leur odeur parfumée restent un bon souvenir d'enfance. Souvenir de la bougie en mandarine (voir page 21), des serpentins en écorce d'orange mis à sécher pour zester les desserts.

Melon vert

Ces gros melons verts de 4 à 5 kilos appelés Melon Vert d'Espagne, sont conservés dans de la paille au cellier, dans la grange ou dans un coin sombre du grenier.
Le plus beau est réservé pour les desserts de Noël.
L'autre fruit conservé est le raisin pendu au grenier, il demande de l'entretien pour arriver à Noël, aujourd'hui on se laisse tenter par les raisins frais de l'épicier !

Le melon peut être remplacé ou complété par des bananes importées antan en grande quantité sur Marseille ou aujourd'hui par les kiwis nouvellement produits en Provence.

Biscuits

Les biscuits croquants ou moelleux de Provence : Les navettes, les oreillettes ou merveilles, le massepain et son cousin le macaron, le brassadeau, les croquets et les galets...

Tous à croquer à belles dents.

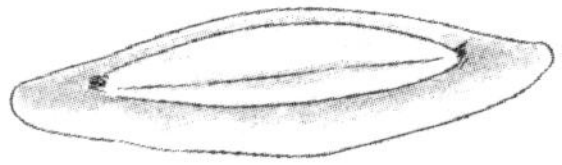

Confiserie

La confiserie avec ses bonbons de terroir mondialement demandés : berlingots, calissons, fruits confits, pâte de coings, pâte d'amandes.

Les confitures de l'année et les chocolats agrémentent également les confiseries des treize desserts.

Les papillotes recelant de gentilles petites galéjades :

Quel jour sommes-nous ?
Le 24 sauf s'il pleut !
Oui, s'il pleut on sera un jour plu...vieux !
Heureusement qu'on a moins de pluie qu'ailleurs, on vieillit moins vite !

Tradition du blé en herbe

Les préparatifs festifs de Noël commencent le premier samedi de l'Avent, au lancement des marchés aux santons. Puis les pitchouns « mettent le blé de la Sainte Barbe », c'est à dire qu'ils sèment du blé dans trois coupelles, le 4 décembre, jour de la Sainte Barbe.

La légende dit que Sainte Barbe aurait vécu au troisième ou au quatrième siècle. Convertie au christianisme contre la volonté de son père et emprisonnée dans une tour, elle traça le signe de la croix aux deux lucarnes de la tour et en ajouta une troisième en l'honneur de la Sainte Trinité. Son père mit le feu à la tour, mais retrouvant sa fille indemne, il la martyrisa et la décapita.
Des phénomènes mystiques sont apparus après sa mort, elle est devenue la patronne de plusieurs corps de métiers : pompiers, artilleurs, mineurs, mathématiciens, architectes... Elle est invoquée contre la foudre et la mort subite.

Si le blé est dru, droit et bien vert pour Noël, ce sera un signe de prospérité pour l'année à venir.

Garnir trois soucoupes de coton, les arroser avec un verre d'eau. Disposer les grains de blé, ou à défaut de lentilles, bien serrés mais sur un seul niveau.
Arroser régulièrement les soucoupes, lorsque les germes sont suffisamment grands, les lier avec un ruban rouge ou mieux aux couleurs de Provence, rouge et or.

Cet ornement verdoyant garnira la table des treize desserts.

Après Noël, choisir un endroit protégé du jardin et enterrer le coton avec le blé, bien tasser la terre sur le coton et arroser; vous obtiendrez de nouveau des grains de blé ou de lentilles en été.
D'autres familles laissent sécher le blé ou les lentilles en herbe. Le foin ainsi obtenu garnira la crèche de « l'an qui vient ».

Pour la Sainte Barbe, l'association caritative « Le blé de l'espérance, Maguy Roubaud » met en vente de petits sachets de blé. Vous les trouverez dans les boulangeries, pharmacies et tous les lieux de bonne volonté de la Grande Provence.
Les profits « aident les enfants à mieux vivre l'hôpital ».

« Blé bien germé, prospérité toute l'année »

Tradition de la crèche

Noël, du latin natalis, célèbre la naissance de l'Enfant Jésus : « Aujourd'hui vous est né un sauveur ».

Cette joyeuse annonce retentit depuis 20 siècles entraînant de nombreux peuples dans les fêtes de Noël. Parmi eux, les Provençaux préparent et vivent la Nativité suivant les coutumes avec toujours autant de joie. La crèche leur permet de mêler le sacré à la vie quotidienne et de raconter cette incroyable histoire qui se déroule pendant une nuit d'hiver :
Dieu fait homme naît dans une étable et a pour berceau une « crupio », une mangeoire.

La jolie tradition des crèches est importée d'Italie par les franciscains. Elle commence dans les églises où des statues grandeur nature représentent la scène de la Nativité. Plus tard, viendront les rois mages relatés dans l'évangile de Saint-Mathieu.

À la révolution, les églises sont fermées et comme toujours l'interdit crée le désir. On représente chez soi ce qui existait dans les églises, bien sûr, à une échelle réduite. Le besoin est tel, qu'apparaît le moule qui permet de dupliquer les santons, « santoun », petit saint en provençal.
Les santons sont en argile cuite et peints, leur réalisme est accentué par une peinture à l'huile. Bientôt le village revit avec les figurines des villageois, puis des membres de la famille et les animaux présents à la Nativité. Pour que l'illusion soit parfaite, on construit un décor. Celui-ci est réalisé avec du papier rocher, du carton, de la mousse, des cailloux, des mottes de thym qui deviennent des arbres à l'échelle des moutons. Enfin une étable sobre, dans le style architectural de la région abrite les personnages de la Sainte-Famille.

Le village familial est reconnaissable avec ses maisons provençales et sa montagne proche comme la Sainte-Victoire ou le Garlaban.

Étable deux pentes

Toute la famille participe au montage du décor, les enfants laissent éclater leur imagination, ils créent une rivière avec du papier coloré en bleu, réalisent une transhumance avec des moutons franchissant le pont de la rivière, recréent un petit coin de Camargue. C'est l'occasion pour les enfants de montrer leurs talents de conteur en commentant largement les histoires imaginées dans ce décor.

Tout est installé le 4 décembre, date où l'on sort délicatement les petits santons de leur boite en carton. Les enfants assurent la mise en scène des villageois et animaux, ils aiment se reconnaître dans cette crèche. Le Petit Jésus ne sera mis en place que le 24 décembre après la messe de minuit. Quant aux rois mages, ils sont loin et arriveront petit à petit vers l'étable en fonction de la sagesse des enfants. Ils sont chargés de symboles, Melchior offre l'or symbole de la royauté, Balthazar l'encens, symbole de la divinité, et Gaspard, la myrrhe baume symbole de la spiritualité. Royauté, divinité et spiritualité présagent de la vie de Jésus. Le soir de la chandeleur, le 2 février, vient le temps de la crèche blanche, tous les habitants repartent vers leur maison de carton.

En interdisant les représentations bibliques, on a interpellé l'imagination des Provençaux. Le succès des crèches peuplées de santons n'a jamais faibli, nous rappelant que tout à commencé en Palestine, il y a 2000 ans.

« Toute l'âme et le Climat de la Provence »
Michel Guillot - Famille Fouque
Santons Fouque, Aix-en-Provence

Tradition du gros souper

Le repas du 24 décembre au soir s'appelle le gros souper. C'est en réalité un repas maigre, sans viande, en attendant la messe de minuit. Cette messe, comme son nom l'indique, était dans les temps anciens à minuit y compris dans les campagnes les plus isolées. Le gros souper permettait avec ses sept plats maigres, souvenirs des sept douleurs de la Sainte Vierge, d'arriver restauré sans excès à la célébration. Après la messe on se régale de l'abondance des treize desserts.

Le gros souper est servi sur une table recouverte de trois nappes. Douze pains ronds et un plus gros sont disposés au centre de la table, ces pains symbolisent le Christ et ses douze apôtres.

Selon les familles, les villages et les régions, la composition du gros souper varie mais il débute par le céleri à l'anchoïade ou les escargots à l'aïoli. Ensuite on sert une spécialité au poisson : morue frite ou aux poireaux, anguilles, mulet aux olives... accompagnée de légumes : salsifis ou cardes, parfois une tourte aux épinards. Il se termine par le fromage de chèvre.

Autrefois une place restait libre pour le pauvre. Les associations caritatives perpétuent aujourd'hui cet esprit de la « part du pauvre » en servant les repas de Noël aux exclus.

À la fin du gros souper, on repliait les coins des trois nappes sur la table. Les âmes des chers disparus étaient censées visiter les restes du gros souper pendant la messe de minuit.

Au retour de la célébration de Noël, la table est desservie et embellie pour faire place aux treize desserts.

La bougie de Noël en mandarine

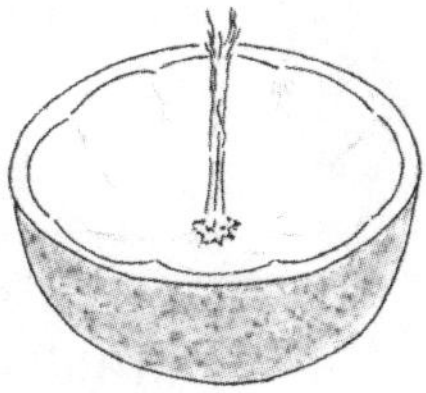

Positionner la mandarine côté pédoncule (petite attache) vers le bas.
Inciser l'écorce de la mandarine horizontalement en son milieu en faisant tout le tour de la mandarine. Décoller l'écorce de la partie haute délicatement et la retirer.
Décoller l'écorce de la partie basse tout aussi délicatement, puis retirer les quartiers de mandarine en les écartant et en faisant attention de ne pas arracher le pécou (axe d'inflorescence ou mèche centrale) de l'écorce.
Verser un fond d'huile d'olive dans l'écorce de mandarine en arrosant le pécou, laisser le pécou s'imbiber d'huile d'olive.

Allumer le pécou et voici une bougie de Noël parfumée naturellement qui nous rappelle que la Provence est une terre de soleil et de lumière.

Souvenir olfactif de Jean en culottes courtes, du parfum orangé mélangé à l'huile d'olive. Souvenir visuel de cette belle flamme couleur or. Souvenir gourmand de la chair de cette mandarine magique.

À surveiller pour que les enfants ne commettent pas d'imprudence en se promenant avec leur coupelle de mandarine.
Antan on se servait de fonds d'huile d'olive avec leurs résidus pour ne rien gaspiller. Aujourd'hui les huiles de Provence sont toutes raffinées par contre les mandarines se font plus rares, on en trouve encore avec le pécou, à demander à votre marchand de fruits et légumes !

Jean Maureau, Cave La Vigne et l'Olivier, Fontvieille

La table des treize desserts selon Mireille Fouque

La table des treize desserts nous accueille scintillante et fourmillante de friandises : parée des trois nappes blanches symbolisant la Nativité, dressée avec le plus beau service de la maison, illuminée par trois bougies, une bougie pour chaque personne de la Trinité.
Les santons se promènent çà et là : entre les bougies garnies à leur base d'une couronne épaisse de laurier, entre les monts de gourmandises, le vin cuit fruité et généreux, entre les trois seitouns de blé en herbe ceint d'un ruban rouge et or et le houx épineux aux baies rouge vif.
Résistant au vent, voici le fameux santon « coup de mistral », créé il y a plus de 50 ans par la famille Fouque en hommage aux bergers de la Crau, terre mythique grande offerte au souffle du mistral.
En ce temps de Noël et de pastrage les bergers sont à l'honneur, il y a déjà vingt siècles qu'ils ont été choisis comme premiers témoins de la Nativité.

Santon Fouque
Le Coup de Mistral
crée en 1952

Le premier regard est émerveillé par l'étincelant melon confit. Il trône sur un grand plat brun doré, ce champion des fruits confits est courtisé par des tranches d'ananas, quartiers d'orange, cerises et grains de raisins confits.
La convoitise s'aiguise de plus belle lorsque le regard effleure la bonbonnière losangée de calissons, seigneurs de douceur en pays Aixois. Puis on se sent une gourmandise d'écureuil en apercevant la toupine vernissée bondée de noix et noisettes. Une assiette blanche offre dans ses décors fleuris des pâtes de fruit et des barres de chocolat.
Une seconde toupine vernissée déborde d'un raisin blanc munificent en compagnie de fruits aux couleurs ensoleillées, les oranges. La toupine surplombe un pot de confiture chatoyant, délicatement couvert d'une petite étoffe provençale tenue par un ruban rouge. Le melon frais que l'on conservait autrefois dans de la paille, est tout proche. Entre le melon et le raisin, la fougasse ronde ajourée s'offre telle une fleur à cinq pétales.
Le nougat blanc raffiné enrubanné de bleu côtoie dans la même assiette le nougat noir rustique, tous deux ont mis leur apparat de papier azyme. Les figues fraîches font admirer leur chair près d'un compotier garni de fruits venant du jardin d'Eden et si prolifiques en Provence : les pommes.

Tout est prêt pour continuer la plus importante fête familiale de l'année.

« Toute l'âme et le Climat de la Provence »
Mireille Fouque, Santonnière, Aix-en-Provence

Avant-Propos culinaire

Soucieux de ne pas lasser notre lecteur au fil des recettes par des informations répétitives ou déjà connues, nous les avons regroupées dans cet avant-propos.

Huile d'olive

Les bienfaits de l'huile d'olive pour la santé ne sont plus à démontrer. Une bonne huile d'olive est fruitée, parfumée, douce sans acidité. Elle est plus digeste qu'une huile classique et demande moins de quantité pour un meilleur résultat. L'olive est un fruit, son huile est donc bien adaptée à la préparation de desserts !

Petit épeautre

Le petit épeautre est l'ancêtre et l'avenir du blé. Cultivé en Provence montagneuse, il est resté « nature ». Sa richesse exceptionnelle en vitamines, minéraux et oligo-éléments le font recommander pour les convalescents et à tous pour sa saveur.

Cuisson au four

Avant de mettre votre dessert au four, préchauffez votre four pendant 10 minutes à l'intensité indiquée dans la recette.

Les correspondances entre la chaleur du four et les températures annoncées varient en fonction du mode de chauffage du four ainsi que des constructeurs. Nous donnons à titre indicatif cette correspondance :

Four doux $< 120°$
Four moyen 130 - 180°
Four chaud 190 - 240°
Four très chaud $> 250°$

Aumônières de pruneaux aux pommes

Pour 20 aumônières

1 pâte feuilletée
20 pruneaux géants calibre 28/33 dénoyautés
1 pomme
1 jaune d'œuf

Découper des carrés de 7 à 8 centimètres dans la pâte feuilletée.
Fourrer chaque pruneau avec un morceau de pomme épluchée, le déposer sur un carré de pâte, replier les pointes sur le pruneau et souder la pâte en compressant les pointes à la main. Badigeonner chaque aumônière de jaune d'œuf dilué dans un peu d'eau.

Cuire à four chaud pendant 20 minutes environ en surveillant.

Cette recette simple et goûteuse est une création de papy René qui nous conseille le choix systématique de pruneaux calibrés pasteurisés mais sans conservateur.

Georges Simonneau, Producteur de Pruneaux de Provence
Saint Martin de Crau

Beignets aux pommes

2 pommes
sucre en poudre

pâte à beignets

125 g de farine
1 jaune d'œuf
1 cuillerée à café de liqueur
de Frigolet ou de rhum
1 verre de lait
1 cuillerée à soupe d'huile d'olive
1 pincée de sel

Préparation de la pâte à beignets

Dans un saladier, mélanger à la fourchette la farine et le sel. Creuser un puits, mettre le jaune d'œuf et l'huile, malaxer l'ensemble à la fourchette.
Incorporer petit à petit le verre de lait tiède jusqu'à l'obtention d'une pâte bien lisse.
Ajouter la cuillerée du parfum choisi.

Préparation des beignets

Peler les pommes, les vider par le centre avec un économe.
Couper les pommes en rondelles épaisses d'environ 5 millimètres. Les plonger successivement dans la pâte à beignets, puis dans l'huile très chaude en faisant dorer les deux côtés des rondelles.
Égoutter les beignets et les saupoudrer de sucre en poudre.

Les anneaux reviennent à la mode, les enfants ont toujours adoré ces anneaux de beignets.

Les Berlingots

240 g de sucre en poudre
60 g de glucose
parfum : extraits de menthe,
ou citron, ou anis...

Dans une casserole à fond épais et à hauts bords, mettre le sucre et le glucose, les faire fondre avec 6 centilitres d'eau.
Cuire à feu doux en tournant régulièrement avec une spatule en bois.
Arrêter la cuisson lorsque le sirop prend une couleur paille sur les bords de la casserole et qu'une goutte de sirop versée dans un verre d'eau froide durcit immédiatement.
Ajouter 1 à 2 cuillerées à café de parfum choisi.
Verser le sucre cuit sur un marbre huilé. Le travailler en ramenant les bords vers le centre avec une spatule en bois et dès que la température le permet, former un boudin d'un centimètre et demi de diamètre.

Avec des ciseaux huilés, couper le boudin dans un sens, puis recommencer en sens inverse.

Le glucose est un anti-cristallisant, mais il convient quand même de travailler rapidement le sucre cuit pour qu'il reste malléable, sinon le remettre à four ouvert très doux.

Le berlingot est une spécialité de Carpentras. Il est le fruit d'une idée lumineuse et gourmande d'un Carpentrassien fabricant de fruits confits. Ce confiseur provençal a trouvé l'art et la manière de valoriser le sirop restant des fruits confits.

Biscotins d'Aix

380 g de farine
250 g de sucre
1 cuillerée à soupe
de fleur d'oranger

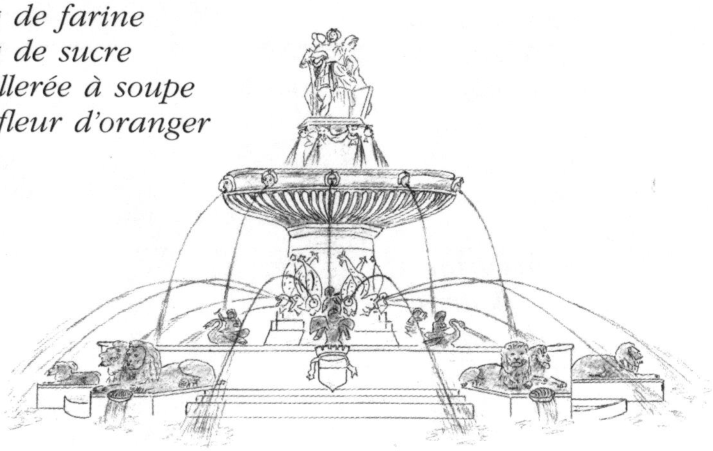

La Rotonde d'Aix-en-Provence

Dans un saladier, verser la farine et faire un puits. Dissoudre le sucre avec un verre d'eau dans une casserole, mettre sur feu doux jusqu'à l'obtention d'un sirop au nappé, en plongeant une cuillère dans le sirop, celui-ci doit napper la cuillère et retomber en gouttelettes.
Verser le sirop dans le puits, ajouter la fleur d'oranger. Pétrir jusqu'à l'obtention d'une pâte ferme et homogène. Faire de petites billes de la grosseur d'une noisette, les disposer sur une plaque à four huilée, suffisamment espacées. Mouiller chaque bille de quelques gouttes d'eau.

Mettre à four chaud environ 15 minutes en surveillant.

Traditionnel, rustique au goût simple de sucre laissant une sensation de fraîcheur en bouche.

Biscuits aux mendiants

170 g de farine
70 g de sucre en poudre
60 g d'amandes effilées
50 g de pignons
50 g de raisins secs
5 g de levure de boulanger
1 œuf
1 demi-citron
2 cl de fleur d'oranger
40 g de beurre
10 cl d'huile d'olive

Dans un saladier, mélanger la farine, la levure délayée dans 2 centilitres d'eau tiède, le zeste du demi-citron et le sucre. Ajouter le beurre en fines lamelles, l'œuf légèrement battu, les amandes, les pignons, les raisins secs, l'huile d'olive à petit filet. Pétrir du bout des doigts jusqu'à l'obtention d'une pâte souple.
Laisser reposer au réfrigérateur pendant une heure environ. Étaler la pâte au rouleau sur une épaisseur d'environ un demi-centimètre. Découper à l'emporte-pièce les biscuits, les mettre sur une plaque à four huilée, les dorer au jaune d'œuf, ajouter des amandes pour la décoration.

Cuire à four chaud pendant environ 5 à 7 minutes jusqu'à ce que les biscuits soient dorés.

Des biscuits aux fruits secs, à l'huile d'olive et parfumés à la fleur d'oranger pour garnir la table des treize desserts.

Roger Merlin, Chef de Cuisine du Mas des Salicornes
Membre du Conservatoire des Cuisines Méditerranéennes de Camargue
Les Saintes-Maries-de-la-Mer

Brassadeau

Pour 25 pièces

500g de farine
5 œufs
30g de levure de boulanger
80g de sucre
50g de beurre
7g de sel

Frédéric Mistral

Faire fondre dans un saladier la levure avec un demi verre d'eau tiède.
Mélanger les ingrédients et bien les pétrir pour obtenir une pâte homogène.
Former une boule et la laisser reposer deux heures.
Rabattre la pâte, laisser à nouveau reposer une heure.
Former des anneaux d'une dizaine de centimètres de diamètre.
Les pocher à l'eau bouillante, et les laisser sécher sur du papier absorbant.
Mettre à four chaud durant 10 minutes.

Cet échaudé très ancien se fait pour toutes les fêtes, notamment pour les fêtes patronales !
Il est plus réussi en préparant la pâte la veille.

Jean-Marie Fassy, Boulanger-Pâtissier, Maillane

Brioche Germaine

600 g de farine
120 g de sucre en poudre
30 g de levure de boulanger
1 œuf
1 verre de lait
1 demi-verre d'huile d'olive
parfum au choix (vanille, anis, rhum, fleur d'oranger...)

Délayer la levure dans un demi-verre d'eau tiède. Faire un petit et un grand puits dans la farine, dans le petit puits, verser la levure délayée, dans le grand puits mettre l'œuf, l'huile, le lait tiédi, le sucre et le parfum choisi, mélanger.
Bien travailler l'ensemble jusqu'à l'obtention d'une pâte homogène et non collante, faire une boule et la laisser reposer 3 à 4 heures selon la chaleur de la cuisine.
Étaler la pâte dans une lèchefrite huilée et laisser reposer encore 2 à 3 heures.
Mettre à four chaud pendant 10 minutes environ. Lorsque la brioche se décolle en remuant la plaque, la sortir du four.
Recouvrir de sucre fin.

La réussite de la brioche demande un bon temps de levage, il faut être patient petit loup ! La brioche de Germaine, on l'aime !

Annie Saïssi et Pierre Aubert, Chambres d'Hôtes, Entrevaux

Cacho-dènt

250 g de farine
150 g de sucre en poudre
150 g d'amandes
4 œufs
eau de fleur d'oranger

Dans une casserole, verser le sucre, le faire fondre avec un peu d'eau.
Mettre à feu doux et tourner régulièrement avec une spatule en bois, lorsque le sirop s'épaissit et qu'il forme un long filet en retombant, ajouter les amandes.
Laisser confire pendant 4 heures.
Dans un saladier, verser la farine, incorporer les amandes et leur sirop, les œufs et la fleur d'oranger.
Mélanger jusqu'à l'obtention d'une pâte homogène et lisse.
Former des boudins, les aplatir sur 2 centimètres de haut.
Les disposer sur une plaque à four huilée et les couper tous les 2 centimètres environ.

Mettre à four moyen pendant 20 minutes en surveillant la coloration.

Pour tester les bonnes dents, attention lorsqu'on commence à goûter, on ne peut plus s'arrêter !

Cake au miel de châtaignier

150 g de miel de châtaignier
220 g de farine
150 g de sucre en poudre
1 sachet de levure
4 œufs
raisins secs
marc de Provence
150 g de beurre

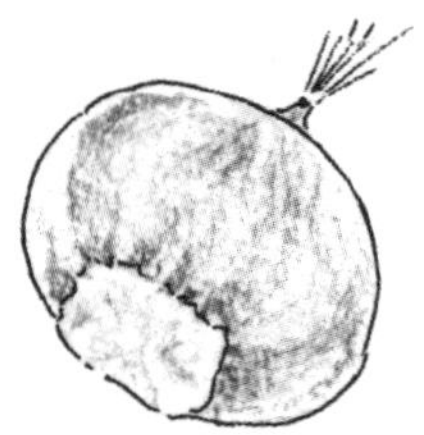

Mettre à tremper les raisins secs dans du vieux marc de Provence.
Dans une casserole, faire fondre le beurre et le miel.
Hors du feu, verser et mélanger successivement, le sucre, les œufs, la farine, la levure et les raisins imbibés.
Verser l'ensemble dans un moule à cake beurré.

Faire cuire à four chaud pendant 20 minutes puis à four moyen pendant 30 minutes.

Un cake moelleux et reconstituant à tout moment de la journée, grâce à un miel de caractère fort en goût !

Rosy et Serge Spada, Ferme de Capelude Chambres d'Hôtes
Collobrières

Cake aux fruits confits

350 g de fruits confits
250 g de farine tamisée
170 g de sucre
1 cuillerée à café de levure en poudre
4 œufs
1 verre de rhum
100 g de beurre

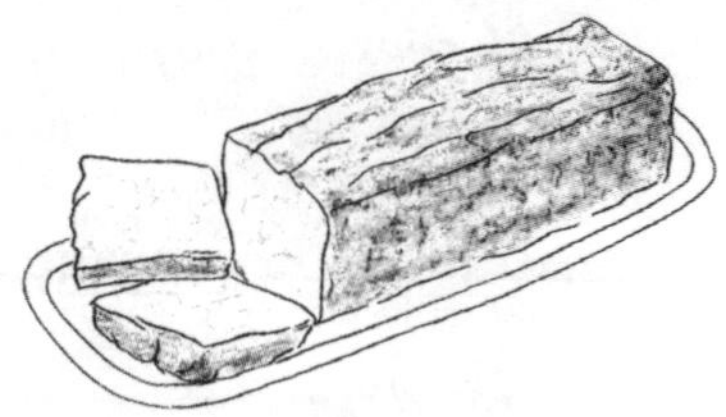

Dans un bol, verser les fruits confits, arroser de rhum et laisser macérer.
Battre les blancs d'œufs en neige ferme et les réserver.
Dans un saladier, bien mélanger le beurre, les jaunes d'œufs, le sucre jusqu'à l'obtention d'une crème homogène, incorporer les blancs en neige.
Ajouter la farine, la levure puis les fruits macérés.
Verser l'ensemble dans un moule à cake beurré et fariné.
Cuire à four moyen pendant 50 minutes.

Le vrai cake est aux fruits confits !

Maison Léopold Marliagues, Fabrique de Fruits Confits, Apt

Les Calissons

Pour 25 pièces

250g de poudre d'amandes
250g de sucre en poudre
1 orange confite
2 cuillerées à soupe de fleur d'oranger
papier azyme dit également « Papier hostie »

Préparation du glaçage

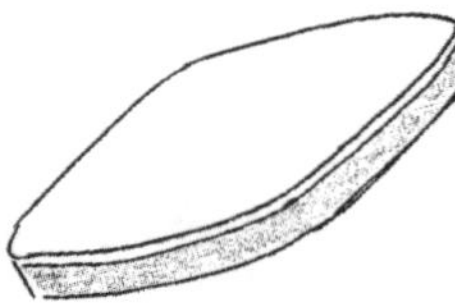

1 blanc d'œuf
100g de sucre glace

Mélanger la poudre d'amandes avec le sucre, l'orange confite et l'eau de fleur d'oranger.
Malaxer le tout dans une casserole sur feu très doux avec une cuillère en bois.
Le mélange perd son eau et devient une pâte homogène et collante mais ne doit pas caraméliser.
Huiler une plaque allant au four et la garnir de papier azyme.
Disposer la pâte sur le papier azyme et la rabattre sur une hauteur de un centimètre.

Découper des losanges de deux centimètres de côté dans la pâte.

Préparer le glaçage :

Mélanger dans un saladier le sucre glace et le blanc d'œuf. Malaxer le tout pour obtenir une pâte lisse et coulante.
La verser sur la pâte découpée en losanges.

Mettre à four moyen quelques minutes.

Vous pouvez remplacer l'orange confite par de la confiture ou du sirop d'orange. Les calissons sont également utilisés pour décorer d'autres pâtisseries, ils font partie des treize desserts de Noël.

Le Bon Roi René

Aussi bon à goûter que son nom « calisson » est doux à entendre. Ce nom viendrait du calice dans lequel l'évêque ou le prêtre bénissait une fois par an les calissons ! Leur forme en losange viendrait bien sûr de la forme de l'amande mais aussi en hommage aux beaux yeux de la reine Jeanne épouse du bon roi René.

Caramels durs à l'ancienne

50 g de miel de lavande
250 g de sucre en morceaux
sucre cristallisé

Dans une casserole à fond épais, mettre le sucre en morceaux, le faire fondre avec un peu d'eau, ajouter le miel.
Cuire à feu doux en tournant régulièrement avec une spatule en bois.
Arrêter la cuisson lorsque le sirop prend une couleur paille sur les bords de la casserole et qu'une goutte de sirop versée dans un verre d'eau froide durcit immédiatement.
Verser sur une plaque huilée ou un marbre sur 1 à 1,5 centimètres d'épaisseur et laisser refroidir.

Dès que les caramels ne sont plus brûlants au toucher, les découper avec un couteau huilé et les passer dans le sucre cristallisé.

Des caramels pur sucre adoucis par le miel !

Les premiers caramels sont d'origine ibérique et ne connaissent pas le beurre.

Compote de pommes

600 g de pommes
100 g de sucre en poudre
parfum : Cannelle, vanille, ou zeste de citron ou orange...

Laver les pommes, les couper en quartiers et les épépiner.
Les mettre dans une casserole, ajouter 15 centilitres d'eau. Couvrir et cuire à feux doux pendant 20 minutes. Passer les morceaux de pommes au moulin à légumes. Faire réduire le sirop restant dans la casserole si nécessaire. L'ajouter à la purée de pommes avec le sucre et le parfum choisi.

Mélanger et mettre au frais.

La pomme la plus classique pour ce dessert est la Reine des Reinettes. Cependant les pommes à peau rouge type starkimson ou starking delicious, (qui font bien partie des pommes produites en Provence malgré leur nom), composent une compote parfumée mais à coloration rouge : la peau colore la compote tout en restant dans le tamis du moulin.
La couleur et le parfum font toujours un bon effet !
Cette compote garnit également tartes et gâteaux roulés.

Un moment rafraîchissant lorsqu'on « grappille » à la petite cuillère sur la table des treize desserts !

Confiture de coings

1 kg de sucre par kilo de chair de coings

Couper les coings pelés et épépinés en petits dés, les peser et les verser dans une bassine à confiture, les couvrir d'eau sans dépasser le niveau de coings, ajouter la quantité de sucre en fonction de la pesée des coings.
Cuire à feu doux pendant environ une heure jusqu'à ce que les fruits deviennent rose transparent.

Plus consistante que la gelée mais aussi bienfaisante.

Gelée de coings

Cette recette est réalisée avec les ingrédients réservés lors de la confection de la pâte de coings.

pépins et jus réservés (voir pâte de coings page 100)
1 kg de sucre en poudre par litre de jus de coings

Faire cuire les pépins dans le jus de coings environ 10 minutes. Filtrer et remettre à cuire jusqu'à ce que la gelée prenne, elle devient rose.
Tester en mettant une goutte de gelée dans une assiette, elle doit être consistante.

Cette gelée très parfumée, permet de profiter des bienfaits anti-rhumatismaux du coing toute l'année.

Mamie Germaine, Arboricultrice Mas Chaine
Les Paluds de Noves

Confiture de figues et pastèque

1 kg de figues Violettes de Solliès mûries à point
1 kg de pastèque blanche à confiture
750 g de sucre
1 zeste de citron

Couper les figues en morceaux et la pastèque pelée et épépinée en petits dés de 1 centimètre de coté environ.
Dans une bassine à confiture, verser le sucre, le zeste du citron et mouiller avec 25 centilitres d'eau.
Dés que le sirop est en ébullition, ajouter les figues et la pastèque.
Faire cuire à feu vif de 1 heure à 1 heure 30.

Remplir les pots de confiture chaude, les fermer et les retourner jusqu'à complet refroidissement.

Délicieuse, prévoyez la quantité si vous voulez en avoir encore pour Noël.

Josette Carvin, Copsolfruit, Figues Fraîches Violettes de Solliès
Solliès-Pont

Confiture de figues de ma grand-mère

5 kg de figues bien mûres, noires ou grises
1 melon de 1 kg
4 citrons
sucre : à poids égal de sirop recueilli

La veille

Ouvrir les figues en deux, les déposer dans un chaudron ou bassine en cuivre.
Couvrir d'eau à hauteur des figues et porter à ébullition pendant une heure.

Déposer la purée de figues dans une étamine (linge très fin) et laisser égoutter toute la nuit.

Le jour même

Récupérer le jus des figues, le peser et ajouter son poids en sucre.
Reverser le tout dans le chaudron, ajouter les citrons coupés en tranches et le melon coupé en petits cubes.
Cuire environ 40 minutes, continuer la cuisson en surveillant. la confiture ne doit pas caraméliser.
En fin de cuisson, tourner constamment avec une cuillère en bois.

Mettre en pot couvert d'un papier sulfurisé.

Petit secret pour contrôler la cuisson de la confiture : Verser une cuillerée à café de confiture dans une assiette froide, couper la confiture avec un couteau, il doit se former une fente comme une roubine (petit canal d'irrigation provençal).

Cette confiture de grand-mère est une merveille inoubliable pour le petit déjeuner ou en accompagnement de glaces.

André Monnet, Chef de Cuisine du Restaurant « Au Fond du Jardin »
Membre du Conservatoire des Cuisines Méditerranéennes
de Camargue
Les Saintes-Maries-de-la-Mer

Confiture de melon aux fraises

600 g de fraises
600 g de chair de melon
1 kg de sucre
1 gousse de vanille

La veille

Dans un saladier, faire macérer les fraises équeutées dans la moitié du sucre et la moitié de la gousse de vanille fendue sur sa longueur.

Éplucher et épépiner le melon. Vérifier le poids et couper la chair du melon en dés. Les mettre à macérer dans un second saladier avec le reste de sucre et de vanille.

Le jour même au matin

Cuire le melon dans un chaudron en cuivre à feu moyen, jusqu'à ce que les dés soient translucides et fondants, pendant environ 30 minutes.
Cuire les fraises à part, écumer de temps en temps pendant environ 15 minutes tout en vérifiant que les fraises restent entières.
Retirer les gousses de vanille. Égoutter les fraises cuites dans une passoire et récupérer le sirop que l'on amène à petite ébullition pendant encore 15 minutes.
Mélanger le sirop à la marmelade de melon, mixer pour obtenir un coulis sans morceaux.
Ajouter les fraises puis remettre sur le feu jusqu'à ébullition.

Emplir les pots de confiture bouillante, visser fortement les couvercles et retourner le pot jusqu'à complet refroidissement.

Une confiture savoureuse plaisante à l'œil et à l'odorat. Au petit-déjeuner c'est la bonne humeur de bonne heure grâce à ses produits anti-stress.

Sophie Argouarc'h, Confitures artisanales
La Ferme du Plan Saint-Antoine, Correns

Confiture de pastèque

Pour 1 kg de chair de pastèque

750 g de sucre en poudre
1 quart de citron non traité

La veille

Couper la pastèque en grosses tranches, enlever le cœur avec les graines et la peau pour ne garder que la partie ferme de la tranche.
Détailler en morceaux de 6 à 8 centimètres environ.
Peser et ajouter le sucre en proportion du poids constaté.
Laisser macérer dans une bassine en plastique.

Le jour même

Incorporer le citron coupé en tranches.
Faire cuire doucement en tournant de temps à autre jusqu'au gros boulé, une goutte de sirop plongée dans de l'eau froide doit former une boule consistante. À titre d'exemple il faut compter environ 2 heures de cuisson pour 10 kilogrammes de chair de pastèque.
Laisser tiédir avant la mise en pots pour que les fruits se gorgent de jus.

Cette confiture choisie a sa place au petit-déjeuner, au goûter mais elle entre également dans la composition de douceurs comme la délicieuse tarte à la pastèque et décore les gâteaux. Les éléments de pastèque confits peuvent être utilisés en fruits confits pour cakes, brioches...

Rosy et Serge Spada, Ferme de Capelude
Chambres d'Hôtes, Collobrières

Confiture de potiron aux oranges

3 kg de potiron
3 oranges
750 g de sucre par kilo de fruit

La veille

Couper le potiron puis enlever le cœur avec les graines et la peau. Détailler en tous petits morceaux le potiron et les oranges.

Peser et ajouter le sucre en proportion du poids constaté.

Le jour même

Mettre à cuire l'ensemble à feu moyen pendant 2 heures environ, les morceaux doivent être bien translucides.
Passer un coup de mixer grossier pour obtenir la consistance d'une marmelade.

Mettre en pots.

Vous pouvez remplacer les oranges par des abricots secs, les autres fruits du soleil ! Dans ce cas, mettre les abricots secs à macérer dans l'eau, la veille.

Alain et Odette Gaudemard
Chambres d'Hôtes Les Bouilladoires, Gordes

Confiture noire

figues négrotes
autres fruits de saison au choix :
melon, tomates mûres, poires de fin d'été,
prunes ou figues (gouttes d'or)

Préparation du sirop

Dans une bassine, verser les figues négrotes puis ajouter suffisamment d'eau pour qu'elles trempent.

Porter à ébullition jusqu'à l'obtention d'un sirop. Passer le tout dans un torchon pour en extraire le sirop.

Préparation de la confiture

Couper les fruits de saison en fonction de leur grosseur et les verser dans le sirop. La proportion sirop/fruit doit être à peu prés de moitié.

Cuire en tournant de temps en temps jusqu'à l'obtention d'une confiture noire et consistante.

Choisir des figues négrotes plutôt flétries. Elles sont douces et noires. Elles donnent un sirop naturel bien meilleur que le sirop obtenu à partir de sucre raffiné.

Ce sirop remplace avantageusement le sucre nécessaire à la confiture.

Marie Gounin, Une Mémoire du village, Mouriès

Conservation des figues séchées

Au temps du garde-manger naturel, on trouvait dans toutes les familles les fameuses boites de « BISCUITS BRUN ». *Ces grandes boites métalliques avaient une deuxième vie, elles servaient au stockage de gourmandises.*

Saupoudrer le fond de la boite de farine.
Disposer une couche de figues séchées et aplaties.
Répartir quelques gouttes de marc de Provence sur la couche de figues.

Recommencer avec farine, figues, marc en intercalant de temps en temps une feuille de laurier.

Une conservation aux parfums de Provence qui revient à la mode pour un résultat très gourmand !

Marie Gounin, Une Mémoire du village, Mouriès

Crème de marrons

1 kg de marrons
750 g de sucre cristallisé
1 gousse de vanille

Éplucher les marrons et les verser dans de l'eau bouillante.
Cuire à feu doux pendant 15 à 20 minutes, les marrons sont cuits lorsqu'une aiguille pénètre sans effort au cœur du marron.
Enlever la fine peau restante.
Passer les marrons au presse-purée sur tamis fin avec un peu d'eau de cuisson si besoin.
Préparer un sirop : faire fondre le sucre dans une casserole avec un verre d'eau, mettre à feu doux et tourner avec une spatule en bois, mettre hors du feu lorsque le sirop s'épaissit et qu'une goutte de sirop plongée dans l'eau froide forme une boule molle.
Dans une bassine à confiture, mettre la pâte de marrons, incorporer le sirop et la gousse de vanille ouverte, mélanger jusqu'à l'obtention d'une pâte lisse.
Puis cuire à feu doux, tourner régulièrement avec une spatule en bois pendant environ 20 minutes. La crème de marron est cuite lorsqu'elle a pris une couleur marron foncé, fait des bulles persistantes en surface et se ramasse bien sur les bords.

Retirer la gousse de vanille.

Un dessert énergisant à part entière, cette crème est également appréciée en garniture comme pour le gâteau roulé, la bonne tarte à la crème de marrons et pommes, pour assembler deux à deux les macarons, les meringues...

Crêpe géante aux pommes

200 g de farine
100 g de sucre en poudre
1 belle pomme
1 demi-cuillerée à café de levure
3 œufs
10 cl de lait
4 cuillerées à soupe d'huile d'olive
sucre glace

Dans un saladier, verser la farine, le sucre et la levure, mélanger à la fourchette.
Battre les œufs en omelette, les incorporer petit à petit à la farine, puis l'huile d'olive et le lait tiédi.
Ajouter la pomme coupée en petits dés.
Verser la pâte dans une poêle huilée (les ingrédients sont prévus pour une poêle de 30 centimètres de diamètre). Cuire à feu doux pendant 8 minutes, retourner la crêpe et cuire 6 minutes à feu doux.
Saupoudrer de sucre glace.

Mamie, tu pourras nous refaire de ta grosse crêpe !

Croquante

100 à 150 g d'amandes
1 cuillerée à soupe de miel
1 cuillerée à soupe de sucre en poudre
1 citron
1 noisette de beurre

Mettre les amandes émondées sur une plaque à four et les griller légèrement.
Dans une casserole, chauffer le miel et le sucre, dès brunissement, verser les amandes, tourner 3 ou 4 fois à la cuillère en bois et reverser le tout dans un mortier beurré ou un saladier en terre cuite.
Remonter les amandes en faisant le tour du récipient avec un demi-citron beurré.
Démouler avant complet refroidissement.

Une simple friandise !

Annie Saïssi et Pierre Aubert, Chambres d'Hôtes, Entrevaux

Croquets au Frigolet

Pour 30 pièces environ

250 g de farine
125 g de sucre
125 g d'amandes concassées
2 œufs
6 cl de liqueur Frigolet
125 g de beurre ramolli

Dans un saladier, mélanger la farine, le sucre, les amandes.
Ajouter les œufs, la liqueur Frigolet et le beurre, malaxer l'ensemble jusqu'à l'obtention d'une pâte homogène.
Former des boudins de pâte en les farinant, les couper en tronçons de 2 à 3 centimètres, les badigeonner au lait ou au jaune d'œuf.

Disposer les morceaux de boudin sur une plaque à four huilée, les mettre à four moyen pendant 15 minutes en surveillant la cuisson.

Un peu de douceur dans un monde croquant !

La liqueur Frigolet est l'héritière de l'élixir du révérend Père Gaucher, l'élixir aux herbes de Provence brûlées de parfum et de soleil. Alphonse Daudet conte dans « Les lettres de mon moulin » comment le Père Gaucher paye de sa personne la renaissance de l'élixir « pour le fini, le velouté, je ne me fie guère qu'à ma langue ». Le moine est écartelé entre le plaisir des sens et la crainte du feu éternel.

Lucienne et François Inisan
Distillateur de la Liqueur Frigolet, Châteaurenard

Croquets aux amandes

500 g de farine
350 g d'amandes entières
350 g de sucre en poudre
4 œufs
fleur d'oranger

Dans un saladier battre les œufs en omelette, ajouter le sucre, la fleur d'oranger, incorporer la farine puis les amandes.

Former deux boudins d'environ deux centimètres de diamètre.

Les disposer sur une plaque à four huilée, les mettre à four chaud pendant 15 à 25 minutes en surveillant la cuisson qui varie avec l'épaisseur des boudins.

En fin de cuisson, couper des croquets d'environ deux centimètres de longueur.

Terminer la cuisson.

C'est à croquer !

Axelle et Francis Crouau
Camping à la Ferme Les Amandaies, Mouriès

Croustades de pâte sucrée

Pour 12 pièces

125 g de farine
60 g de sucre en poudre
1 œuf
60 g de beurre
1 pincée de sel

Dans un saladier, mélanger la farine, le sucre, le sel, l'œuf et le beurre ramolli.
Travailler l'ensemble, former une boule et la laisser reposer au moins 30 minutes.
Façonner les croustades dans de petits moules.
Les mettre à four chaud pendant environ 10 minutes.

Des contenants gourmands pour les petits succès et autres gourmandises.

Les Amis de la Cuisine Provençale, La Roquebrussanne

Délice de Châtaignes

<u>Pour 12 à 15 personnes</u>

1,2 kg de châtaignes ou 600 g de pulpe
200 g de sucre cristallisé
1 sachet de sucre vanillé
125 g de beurre
20 cl de crème fraîche liquide

Faire bouillir les châtaignes pendant 40 minutes, les éplucher et les passer au moulin à légumes.
Mélanger la purée de châtaignes, le sucre en poudre, le sucre vanillé, le beurre fondu, la crème fraîche.
Battre l'ensemble au fouet jusqu'à l'obtention d'un mélange aéré.
Verser dans un moule à cake beurré, mettre au frais pour au moins 6 heures.

Servir frais, coupé en tranches.

Le pont de Collobrières

Réservez-vous et abandonnez-vous à ce délice !

Rosy et Serge Spada, Ferme de Capelude Chambres d'Hôtes
Collobrières

Délicieux aux poires

500 g de poires fondantes
100 g de farine
100 g de sucre en poudre
1 sachet de levure en poudre
2 œufs
1 citron
25 cl de lait
3 cuillerées à soupe d'huile d'olive
1 pincée de sel

Peler et couper les poires en gros dés, les arroser de jus de citron et les réserver.
Dans un saladier, mélanger au fouet les œufs, le sucre, et le sel.
Ajouter et incorporer la farine, la levure, le lait et l'huile.
Garnir le fond d'un grand moule huilé avec un peu de pâte.
Répartir les dés de poires sur la pâte et verser le reste de pâte sur les poires.
Mettre à four chaud pendant 30 minutes environ.

Riche en poires, ce dessert fond dans la bouche, tellement délicieux, que délicieux est devenu son nom !

Figues fourrées

<u>Pour 20 figues</u>

20 figues sèches moelleuses
200g de chocolat noir à plus de 70% de cacao
50g de poudre d'amandes
50g de beurre
20 amandes ou cerneaux de noix

Retirer la queue restante de la figue et la fendre côté queue sans séparer les demies-figues.
Couper le chocolat en petits morceaux et le mettre à fondre au bain-marie ou au micro-onde avec 2 cuillerées à soupe d'eau.
Lorsque le chocolat est fondu, incorporer le beurre par petits morceaux, mélanger à la spatule en bois jusqu'à l'obtention d'une pâte lisse. Ajouter la poudre d'amandes et mélanger jusqu'à l'obtention d'une pâte homogène.
Laisser refroidir et lorsque la pâte est suffisamment consistante, former des truffes de chocolat.

Fourrer les figues de truffes, refermer les demi-figues. Mettre l'amande ou le cerneau de noix dans la truffe en appuyant tout en gardant une partie de l'amande visible.

Une version chocolatée et esthétique du nougat du capucin !

Fondant

250 g de sucre
15 g de glucose

Dans une casserole, chauffer le sucre et le glucose dans 10 centilitres d'eau jusqu'au stade du petit boulé, une goutte de sirop plongée dans l'eau froide forme une boule molle. Verser le sirop sur le plan de travail huilé, laisser refroidir et travailler le sirop à la spatule en bois jusqu'à l'obtention d'une pâte consistante.

Réserver au frais.

Une réserve gourmande pour vos décorations.
Le glucose est un anti-cristallisant se trouvant au rayon diététique.

Les Amis de la Cuisine Provençale, La Roquebrussanne

Fougasse à la fleur d'oranger

500 g de farine
200 g de sucre en poudre
50 g de levure de boulanger
2 cuillerées à soupe d'eau de fleur d'oranger
15 cl d'huile d'olive
sel

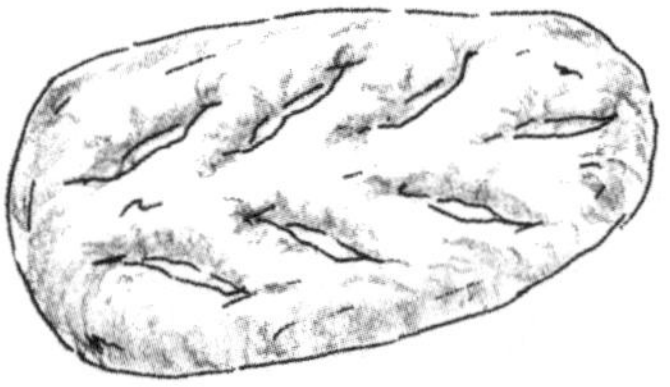

Diluer la levure dans un demi-verre d'eau tiède.
Faire un puits dans la farine et verser la levure diluée, le sucre, la fleur d'oranger, le sel et l'huile d'olive.
Mélanger le tout et bien pétrir jusqu'à l'obtention d'une pâte homogène.
Recouvrir d'un torchon et laisser lever la pâte pendant 3 à 4 heures.
Diviser la pâte en deux boules, les aplatir et les entailler.

Mettre les deux fougasses à four chaud pendant environ 20 minutes en surveillant la cuisson.

Ces fougasses parfumées sont particulièrement moelleuses, varier les parfums en ajoutant du citron râpé.

Bernard Chareyre, Chef cuisinier pâtissier, Tarascon

Fougasse à l'anis

500 g de farine
200 g de sucre en poudre
20 g de levure de boulanger
1 cuillerée à café de grains d'anis vert
20 cl d'huile d'olive
1 pincée de sel

Faire une fontaine avec la farine, verser au centre l'huile d'olive, le sucre, l'anis et la levure délayée dans un verre d'eau tiède, le sel.
Mélanger l'ensemble et bien pétrir jusqu'à l'obtention d'une pâte homogène, elle ne doit pas coller aux doigts, ajouter de la farine si besoin.
Sur le plan de travail fariné, confectionner deux boules, les mettre dans deux saladiers, les couvrir d'un torchon et laisser lever une demi-journée.
Abaisser les boules pour obtenir des fougasses de 2 centimètres d'épaisseur, faire des entailles ouvertes dans chaque boule avec une spatule en bois.

Mettre à four chaud pendant environ 20 minutes.

La fraîcheur de l'anis à tous moments de l'année.

Olivier Fernay, Manade de Pont de Crau, Arles

Fougassettes

Pour 8 personnes

1 kg de farine
4 œufs
250 g de cassonade (sucre roux)
1 zeste de citron
1 zeste d'orange
1 demi-verre d'huile d'olive

Levain

100 g de farine
80 g de levure de boulanger

Dorure

1 jaune d'œuf
2 cuillerées à soupe de fleur d'oranger

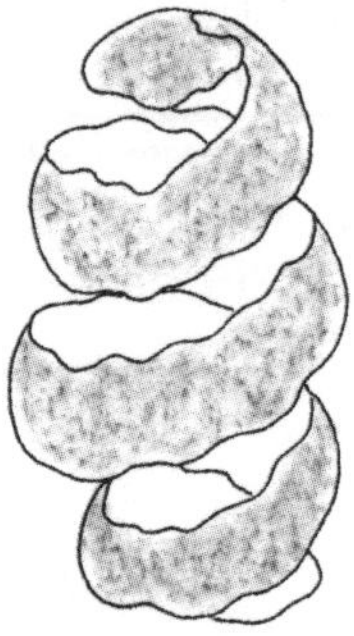

La veille

Préparer à l'avance le levain avec les 100 grammes de farine, la levure délayée dans un demi-verre d'eau tiède, le laisser reposer.
Verser le kilo de farine sur une planche à pâtisserie, faire une fontaine et mettre la cassonade, la moitié des œufs, l'huile, les zestes râpés. Commencer à délayer à la main jusqu'à ce que la cassonade soit absorbée.
Ajouter le levain et continuer à malaxer tout en farinant la pâte.
Lorsque la pâte devient trop ferme, ajouter les œufs restants et pétrir jusqu'à ce que la farine soit incorporée. La pâte doit être très lisse, de consistance moyenne.
L'envelopper dans un linge fariné et laisser lever à température ambiante, environ 20 degrés, jusqu'à ce qu'elle ait doublé de volume.

La mettre au réfrigérateur pour la nuit.

Le jour même

Diviser la pâte en huit morceaux, étaler chaque morceau en forme de galettes.
Laisser lever encore une heure à température supérieure à 20 degrés. Disposer les galettes sur une plaque huilée, les dorer au jaune d'œuf et les cuire à four chaud pendant 20 à 25 minutes environ.

Ensuite badigeonner les galettes encore bouillantes au pinceau avec l'eau de fleur d'oranger coupée d'eau.

Cette ancienne recette adaptée aux techniques actuelles produit des fougassettes très tendres. Elles se conservent en restant bien moelleuses.

Rose et Claude Combe, Ferme Pédagogique
Domaine de L'Oiselet, Sarrians

Frangipane

2 pâtes feuilletées
150 g de poudre d'amandes
100 g de sucre en poudre
1 œuf
1 bâton de vanille
25 cl de lait
quelques gouttes d'amandes amères

Dans une casserole, porter à ébullition le lait avec la vanille ouverte sur sa longueur.
Pendant ce temps, mélanger l'œuf, le sucre, la poudre d'amandes, les gouttes d'amandes amères.
Hors du feu, verser le mélange dans le lait, bien malaxer l'ensemble remettre sur le feu et arrêter aux premiers bouillons.
Tapisser un moule à tarte d'une pâte feuilletée en la laissant déborder du moule, verser la frangipane dans le moule et la couvrir avec la deuxième pâte feuilletée.
Rabattre la première pâte feuilletée et la souder en appuyant.

Badigeonner avec du lait et mettre à four chaud pendant 30 à 40 minutes en surveillant la fin de cuisson.

Cette frangipane au lait accentue la saveur d'amande.

Axelle et Francis Crouau
Camping à la Ferme Les Amandaies, Mouriès

Galets de la Crau

Pour 8 personnes

450 g de farine
6 cuillerées à soupe de sucre
1 paquet de levure en poudre
parfum au choix (4 épices, gingembre, cannelle, anis, fleur d'oranger...)
20 cl de lait
6 cuillerées à soupe d'huile d'olive
1 pincée de sel
garniture : 1 jaune œuf

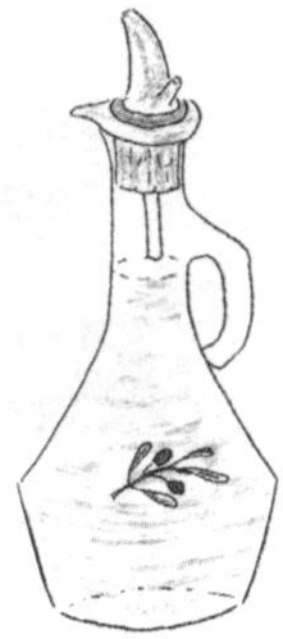

Dans un saladier, mélanger la farine, le sucre, la levure, le sel et le parfum choisi.
Incorporer l'huile puis le lait tiédi.
Malaxer jusqu'à l'obtention d'une pâte ferme et homogène.
Former des boudins de deux centimètres de diamètre, les couper tous les deux centimètres.

Disposer les galets sur une plaque à four et les enduire de jaune d'œuf au pinceau.

Ces galets sont à croquer dès refroidissement, mais vous pouvez attendre un à plusieurs jours en fonction du croquant recherché.

Les galets pierreux de la Crau, toujours présents dans la plaine de la Crau, sont les vestiges du passage de la Durance. La légende les attribue à Zeus qui fit tomber une pluie de galets, pour aider son fils Hercule en difficulté dans la Crau face aux Ligures qui le pourchassaient. Bien sûr c'est Hercule qui a gagné !

Gâteau à l'huile d'olive

Pour 6 personnes

150 g de farine
150 g de sucre cristallisé
1 demi-sachet de levure
4 œufs
2 cuillerées à soupe d'eau de vie de marc
5 cuillerées à soupe d'huile d'olive
1 pincée de sel

Dans un saladier, battre énergiquement les œufs avec le sucre, ajouter l'huile, l'eau de vie, la farine, la levure et le sel.
Battre l'ensemble jusqu'à l'obtention d'une pâte homogène.
Verser la pâte dans un moule huilé.

Mettre à four chaud pendant 30 minutes, puis arrêter le four en laissant le gâteau pendant encore cinq minutes.

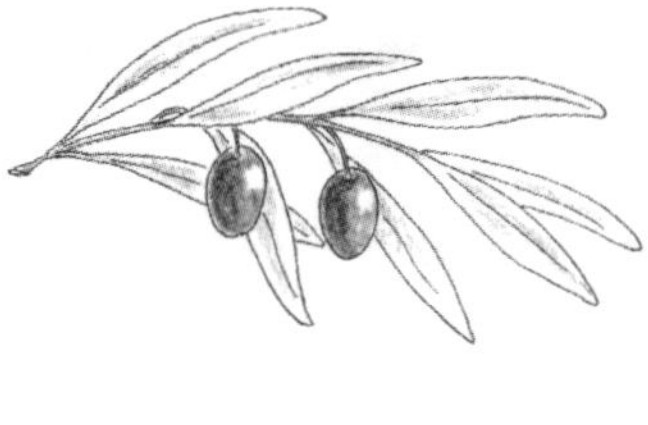

Ce gâteau parfumé à l'huile d'olive et à l'eau de vie de marc est un ravissement, servi tiède ou froid, avec la gelée de vin cuit.

Christine Cheylan, Château Virant
Vins et Huiles d'Olive, Lançon de Provence

Gâteau aux amandes de Clans

250 g d'amandes douces
5 à 6 amandes amères
250 g de sucre en poudre
6 œufs

Battre les blancs d'œufs en neige et les réserver.
Dans un saladier, mélanger le sucre, les amandes pilées, les jaunes d'œufs.
Incorporer les blancs d'œufs à la crème d'amandes, verser l'ensemble dans un moule à hauts bords.
Mettre à four chaud pendant environ 30 à 35 minutes.

Un gâteau de la vallée de la Tinée, gustatif et bon pour la mémoire !

Annie Saïssi et Pierre Aubert, Chambres d'Hôtes, Entrevaux

Gâteau aux kiwis

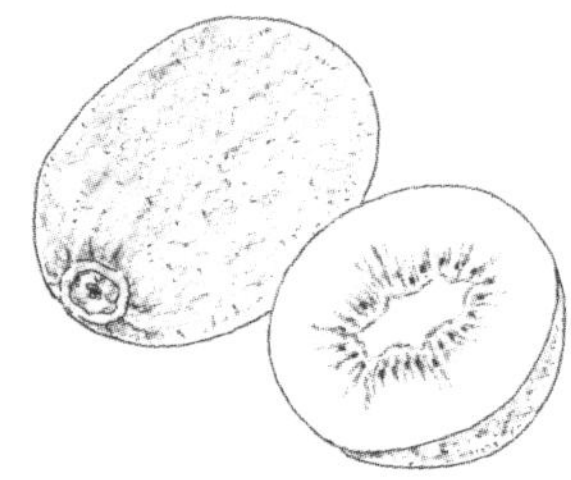

Pour 6 personnes

4 à 6 kiwis
100 g de farine
100 g de sucre cristallisé
1 sachet de sucre vanille
1 sachet de levure en poudre
2 à 3 œufs
100 g de beurre ramolli
caramel : 20 à 25 morceaux de sucre

Séparer les blancs des jaunes d'œufs, réserver les blancs. Dans un saladier, travailler le sucre et les jaunes d'œufs jusqu'à ce qu'ils blanchissent. Ajouter le beurre fondu au bain-marie, le sucre vanillé, la levure puis la farine.
Battre les blancs d'œufs en neige très ferme et les incorporer doucement dans la pâte.
Mettre le sucre en morceaux avec un peu d'eau dans un moule à manqué, le cuire à feu moyen pour faire le caramel. Disposer les kiwis épluchés et coupés en rondelles épaisses sur le caramel, verser la pâte. Cuire à four moyen pendant environ 20 minutes, démouler chaud.
Garnir de kiwis crus et de fruits confits.

Le kiwi, ce fruit pas très conventionnel des treize desserts est nouveau en terre provençale. Il se plaît en Provence à l'abri du vent. Le kiwi produit en terroir hyèrois au temps de Noël, répond ainsi à l'esprit des treize desserts.

Il se marie bien avec les fruits confits et c'est un champion contre les agressions de la mauvaise saison.

Denise Lacour, Producteur de Kiwis et Agrumes
Domaine du Fenouillet, Hyères

Gâteau aux pommes

6 grosses pommes
150 g de farine
150 g de sucre en poudre
1 demi-paquet de levure en poudre
2 œufs
75 g de beurre

Battre le sucre et les œufs, incorporer la farine et la levure puis le beurre ramolli.
Ajouter les pommes coupées en petits dés, bien mélanger pour enrober les dés de pommes. Verser le tout dans un moule huilé et fariné à hauts bords.
Mettre à four moyen pendant 35 minutes.

Un peu de pâte et beaucoup de pommes, ça marche !

Annie Saïssi et Pierre Aubert, Chambres d'Hôtes, Entrevaux

Gâteau de noix

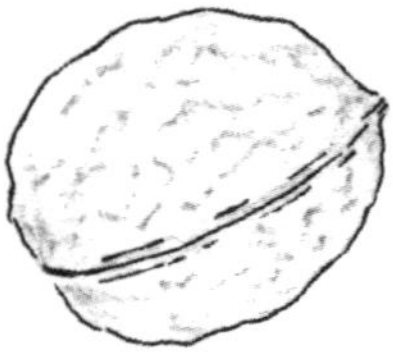

150 g de cerneaux de noix
150 g de farine
200 g de sucre
3 œufs
1 cuillerée à café de levure en poudre
3 cuillerées à soupe de lait
1 pincée de sel

Battre les blancs d'œufs en neige et les réserver. Dans un saladier, mélanger le sucre, les noix pilées, la farine, les jaunes d'œufs, la levure, le lait et le sel. Incorporer les blancs d'œufs et verser l'ensemble dans un moule à hauts bords.

Mettre à four chaud pendant environ 30 à 35 minutes.

Retrouvez les noix pour varier les gourmandises, leur richesse en oméga 3 favorise un esprit sain dans un corps sain !

Annie Saïssi et Pierre Aubert, Chambres d'Hôtes, Entrevaux

Gâteau roulé

100 g de farine
100 g de sucre
3 œufs
garniture : confiture ou crème de marron
ou mousse au chocolat...

Dans un saladier, mélanger au fouet les jaunes d'œuf avec le sucre jusqu'à ce que le mélange blanchisse.
Ajouter la farine et mélanger jusqu'à l'obtention d'une pâte homogène et lisse.
Battre les blancs d'œufs en neige ferme.
Incorporer la moitié de blancs dans le mélange puis délicatement le reste de blancs d'œufs en soulevant la pâte.
Verser sur une plaque à pâtisserie, mettre à four chaud pendant 8 minutes.
Décoller le gâteau et retourner la plaque sur un chiffon humide ou du papier aluminium.

Napper le gâteau avec la garniture de votre choix, le rouler délicatement et saupoudrer de sucre glace.

Pour valoriser vos confitures, gelées, crème de marrons, compotes ou toutes garnitures de votre création !

Brigitte Lassagne, Lançon-de-Provence

Gaufres arlésiennes

Pour 20 gaufres

125 g de farine
100 g de sucre
2 œufs
20 cl de lait
1 cuillerée à soupe de fleur d'oranger
sucre glace

Dans un saladier, mélanger le sucre et les œufs, ajouter la farine, la fleur d'oranger et le lait tiède.
Travailler l'ensemble à la spatule en bois jusqu'à l'obtention d'une pâte lisse et assez fluide.
Avant chaque gaufre, huiler le gaufrier.
Mettre une petite louche de pâte dans le gaufrier chaud, le refermer et cuire rapidement jusqu'à coloration de la gaufre.

Saupoudrer chaque gaufre de sucre glace

Gaufrer loin des enfants sinon vos gaufres partiront directement dans les estomacs. L'interjection « moule à gaufres » devient un bonheur pour les pitchouns !

Olivier Ferney, Manade Fernay, Arles

Gelée d'abricots

1 kg d'abricots dénoyautés
1 kg de sucre cristallisé

Choisir des abricots bien mûrs.
Passer les abricots au moulin à légumes, verser les abricots moulinés dans une bassine à confiture.
Incorporer le sucre avec une spatule en bois.
Chauffer à feu doux et porter à ébullition tout en tournant avec la spatule.
Continuer à cuire pendant 15 minutes jusqu'au boulé, une goutte de gelée plongée dans un verre d'eau froide forme une boule immédiatement.
Mettre en pots.

Les enfants préfèrent les gelées !
À consommer en confiture ou pour garnir et napper tartes, tartelettes amandines, gâteaux, gibassiés sucrés...

Gibassiés à l'anis

500 g de farine
75 g de sucre en poudre
25 g de levure de boulanger
30 g d'anis vert
125 g d'huile d'olive
1 pincée de sel

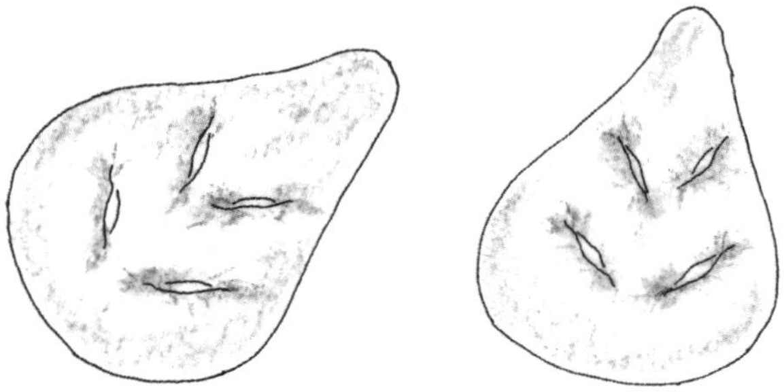

Faire un puits avec la farine, verser au creux du puits le sucre, le sel, l'huile d'olive et 40 centilitres d'eau.
Mélanger le tout pour former une pâte.
Éparpiller la levure en tous petits morceaux sur la pâte et bien mélanger avec la paume de la main (fraiser), lorsque la pâte ne colle plus, ajouter les grains d'anis.
Laisser reposer une heure à une heure et demie en couvrant d'un linge humide ou d'un plastique alimentaire, pour éviter un croûtage.

Chasser l'air de la pâte en appuyant dessus, former 3 boules et les mettre au congélateur 10 à 15 minutes.
Étaler les boules délicatement en plusieurs fois pour ne pas les déchirer. Leur donner la forme de « goutte d'eau » et faire quatre entailles franches en biais.
Les disposer sur une plaque à four garnie d'une feuille de papier sulfurisé, laisser lever la pâte en fonction de la chaleur du four (four à 20° pendant 2 heures, four de 40 à 50° pendant 45 minutes à 1 heure).
Puis, cuire à four chaud pendant 5 à 10 minutes en surveillant la cuisson.

Sortir les gibassiés du four et les badigeonner d'huile d'olive.

La fontaine moussue de
Saint-Martin-de-Crau

Gibassié signifie bossu en provençal, cette brioche doit son nom aux bosses formées pendant la cuisson.
Suivant les pratiques, la pâte du gibassié est entaillée « à la spatule » avec ouverture franche ou simplement marquée « au doigt » en formant six à sept creux sans transpercer la pâte.

José Ferrandez, Boulangerie-Pâtisserie La Florentine
Saint-Martin-de-Crau

Gibassiés sucrés

500 g de farine
75 g de sucre en poudre + sucre du nappage
25 g de levure de boulanger
3 œufs
200 g de beurre ramolli
1 pincée de sel
nappage : gelée d'abricot

Faire un puits avec la farine, mettre au creux du puits la moitié de beurre, le sucre, les œufs, le sel, 10 centilitres d'eau.
Mélanger le tout pour former une pâte.
Éparpiller la levure en tous petits morceaux sur la pâte et bien mélanger avec la paume de la main (fraiser), ajouter le reste de beurre.
Laisser reposer une heure à une heure et demie en couvrant d'un linge humide ou d'un plastique alimentaire, pour éviter un croûtage.
Chasser l'air de la pâte en appuyant dessus, former 3 boules et les mettre au congélateur 10 à 15 minutes.
Étaler les boules délicatement en plusieurs fois pour ne pas les déchirer. Leur donner la forme de « goutte d'eau » et faire quatre entailles franches en biais.
Les disposer sur une plaque à four garnie d'une feuille de papier sulfurisé, laisser lever la pâte en fonction de la chaleur du four (four à 20° pendant 2 heures, four de 40 à 50° pendant 45 minutes à 1 heure).
Puis, cuire à four chaud pendant 5 à 10 minutes en surveillant la cuisson, sortir les gibassiés et les laisser refroidir.

Préparer un nappage avec de l'eau tiède et de la gelée d'abricot, napper les gibassiés au pinceau et les passer dans du sucre en poudre.

Des gibassiés pour petits et grands gourmands !

José Ferrandez, Boulangerie-Pâtisserie La Florentine
Saint-Martin-de-Crau

Macarons à la noix de coco

Pour 25 pièces

100 g de poudre de noix de coco
1 cuillerée à soupe de farine
100 g de sucre en poudre
1 sachet de sucre vanillé
2 blancs d'œufs
sucre glace

Dans un saladier, mélanger le sucre en poudre, le sucre vanillé et la farine.
Battre les blancs en neige très ferme et les incorporer délicatement dans le sucre.
Ajouter la poudre de noix de coco.
Sur une plaque huilée, couler les macarons avec une poche et les mettre à four doux pendant 30 minutes.
Les saupoudrer de sucre glace à la sortie du four.

Une friandise aux senteurs des tropiques.

Ginette Faucheron, Les Baïsses, Lançon de Provence

Macarons à la poudre d'amandes

Pour 25 pièces

125 g de poudre d'amandes
250 g de sucre en poudre
4 blancs d'œufs
sucre glace

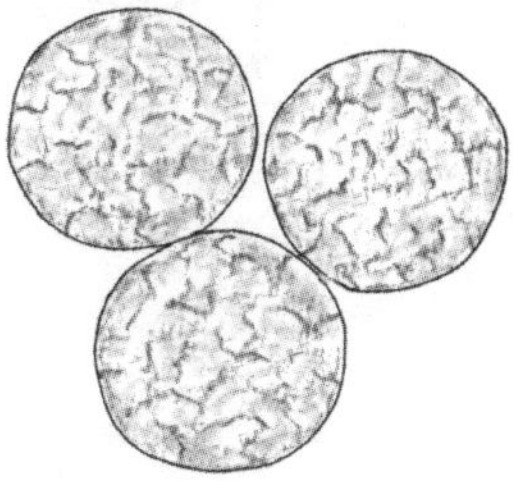

Dans un saladier, mélanger la poudre d'amandes et le sucre, incorporer un à un les blancs d'œufs et bien travailler l'ensemble jusqu'à l'obtention d'une pâte consistante.
Sur une plaque à four recouverte de papier sulfurisé, déposer des petits tas de pâte avec une cuillère à café en les espaçant de 3 centimètres, saupoudrer de sucre glace.

Cuire à four moyen pendant 15 minutes environ en surveillant la cuisson.

Un classique très demandé ! Vous pouvez varier les parfums en ajoutant deux cuillerées à soupe de cacao pur dans la pâte de macaron.

Marmelade de pêches

1 kg de pêches
sucre cristallisé
(même poids que
la chair de pêche)

La veille

Blanchir les pêches pendant 1 minute à l'eau bouillante, les tremper dans de l'eau froide.
Peler, couper en deux et dénoyauter les pêches, vérifier le poids de chair de pêches.
Réserver le même poids en sucre cristallisé.
Dans un récipient, mettre à macérer les pêches en alternant plusieurs couches de pêches et de sucre.

Le jour même

Verser les pêches et leur sirop dans une bassine à confiture. Porter à ébullition tout en tournant avec une spatule en bois.
Continuer à cuire à feu fort pendant 30 minutes, jusqu'à l'obtention d'une marmelade faisant un long filet épais en retombant.

Avoir la pêche d'été à Noël !
Vous pouvez ajouter des zestes de citron ou d'orange pour parfumer méditerranéen !

Marrons confits

1,2 kg de marrons
1 kg de sucre en poudre
1 bâton de vanille ou 1 sachet de sucre vanillé

La veille

Éplucher les marrons et les verser dans de l'eau bouillante. Cuire à feu doux pendant 15 à 20 minutes, les marrons sont cuits lorsqu'une aiguille pénètre sans effort au cœur du marron. Enlever la fine peau restante.
Verser le sucre en poudre dans une casserole, mouiller avec un verre d'eau. Cuire jusqu'à l'obtention d'un sirop au nappage (en plongeant une cuillère à soupe dans le sirop, celui-ci doit napper la cuillère et former des gouttelettes en retombant). Ajouter les marrons et la gousse de vanille ouverte et cuire à feu très doux pendant 30 minutes.

Réserver les marrons dans le sirop.

Le jour même

Réchauffer les marrons sur feu très doux et amener progressivement le sirop au grand perlé (de grosses perles apparaissent à la surface du sirop).

Réserver les marrons en terrine pour les conserver ainsi confits.

Des douceurs qui nous viennent des châtaigneraies de l'Est provençal.
La chair de marron cuite est très délicate, elle risque de s'émietter dès la première cuisson, manipuler précautionneusement chaque marron.

Marrons glacés

marrons confits
sucre glace

Confire les marrons (voir recette page 81).
Préparer un sirop froid en mouillant le sucre glace avec un peu d'eau. Réchauffer progressivement les marrons confits et les mettre à égoutter.
Plonger chaque marron dans le sirop de glaçage, le remettre à égoutter.
Les passer à four très doux, entrouvert, pour leur donner un aspect brillant.

Si les manipulations de confisage des marrons vous semblent délicates, vous pouvez réaliser la recette plus rustique et plus simple du marron grillé au caramel : Griller les marrons à la poêle, les éplucher et les passer dans un caramel assez fluide.

Massepain

125 g de poudre d'amandes
375 g de sucre en poudre
50 g de miel
4 blancs d'œufs

Dans un saladier, mélanger le sucre en poudre avec la poudre d'amandes, ajouter les blancs d'œufs et le miel. Travailler ce mélange à la spatule jusqu'à l'obtention d'une pâte consistante, lisse et homogène.
Couvrir une plaque à pâtisserie de papier sulfurisé, disposer les massepains en petits ronds avec une poche ou un sac alimentaire.

Mettre à four moyen pendant 8 minutes.

Le massepain est une spécialité provençale proche du macaron.

Meringue

Pour 15 pièces

125 g de sucre en poudre
1 sachet de sucre vanillé
2 blancs d'œufs

Dans un saladier, monter les blancs en neige très ferme.
Mélanger le sucre en poudre avec le sucre vanillé et l'incorporer délicatement aux blancs d'œufs avec une spatule en bois.
Couvrir une plaque à pâtisserie de papier sulfurisé et disposer dessus la pâte en petits tas.

Mettre à four très doux et entrouvert pendant environ 50 minutes.

La réussite de la meringue tient dans son temps de cuisson très long dans un four très doux : plus vous descendez en température, plus vous allongez le temps de chauffe, plus les meringues sont réussies, par exemple 3 heures pour 60 degrés.

Ginette Faucheron, les Baïsses, Lançon-de-Provence

Lou Mïas

300 g de semoule de Maïs grains moyens
1 cuillerée à soupe de farine blanche
200 g de sucre en poudre
2 sachets de sucre vanillé
6 œufs
3 cuillerées à soupe de miel
1 petit verre de rhum
1 litre de lait
1 noix de beurre

Chauffer le lait.
Mélanger la semoule et la farine, verser le mélange en pluie dans le lait chaud.
Cuire l'ensemble en le remuant pendant 10 minutes.
Hors du feu, ajouter les œufs battus, le sucre, les sachets de vanille, le miel et le rhum.

Transvaser le tout dans un plat beurré et mettre à four chaud pendant 1 heure.

Chaque veillée de Noël, la grand-mère de Fernand et Claude mitonnait les oreillettes et ce bon dessert traditionnel.

Claude et Fernand Sinard
Pâtisserie Confiserie La Tropézienne, Avignon

Navettes Boyer

400 g de farine
200 g de poudre d'amandes de Provence
150 g de sucre semoule
50 g de sucre glace
10 g de levure en poudre
2 œufs + 2 jaunes d'œufs
5 cl de rhum
1 zeste d'orange
200 g de beurre ramolli

Mélanger la levure avec la farine, faire une fontaine, au centre mettre le beurre bien ramolli, le mélanger avec le sucre semoule, le rhum, les œufs entiers, les jaunes d'œufs et le zeste d'orange.

Incorporer ce mélange à la farine, ajouter la poudre d'amandes mélangée au sucre glace, bien travailler l'ensemble jusqu'à l'obtention d'une pâte bien lisse.

Faire un boudin de 2,5 centimètres de diamètre, le couper en bouchons de 3 centimètres de long et allonger chaque bouchon en forme de navette.

Les ranger assez espacés sur une plaque à four légèrement beurrée et inciser le centre pour leur donner la forme finale.

Mettre à four chaud jusqu'à ce que les navettes soient bien colorées.

Ces navettes traditionnelles ont un plus, plus de parfum !

André Boyer, Maître Nougatier Pâtissier Confiseur
Le Vrai Nougat de Sault
Sault-en-Provence

Navettes de Marseille

<ins>Pour 30 navettes</ins>

500 g de farine
250 g de sucre en poudre
20 g de levure de boulanger
3 œufs
10 cl de fleur d'oranger
50 g de beurre ramolli
ou en petits dés
sel

La Bonne Mère

Dans un saladier, mélanger à la fourchette la farine et le sucre, faire un puits, verser la levure délayée dans de l'eau tiède. Ajouter le sel, les œufs, le beurre, la fleur d'oranger et travailler l'ensemble jusqu'à obtention d'une pâte lisse et homogène. Si besoin compléter avec de la farine, la pâte ne doit pas coller aux doigts.
Laisser reposer pendant 2 heures environ.
Pétrir la pâte pour en faire des boudins, les couper en morceaux et leur donner la forme de navettes en appuyant sur le boudin et en pinçant les extrémités.
Les disposer sur une plaque à four huilée et entailler chaque navette dans sa longueur avec une spatule.
Mettre 15 minutes à four doux.

Les navettes symbolisent la barque dans laquelle arrivèrent les saintes Marie Jacobé et Marie Salomé sur les plages de Provence.
Les navettes sont connues pour leur confection traditionnelle à la chandeleur. Cette fête n'a pas l'exclusivité des navettes, elles sont aussi présentes dans les biscuits secs des treize desserts, et croquées ou trempées dans le café toute l'année. Conserver une navette dans son armoire toute une année porte bonheur !

La vraie légende du nougat de Sault

Blaise, berger un peu sorcier et fervent examinateur du ciel lumineux de Sault, est attiré un soir par une étoile. Son étoile ! Le berger quitte tout pour la suivre au-delà des mers, elle le conduit jusqu'en Galilée. L'étoile s'intensifie et s'immobilise au-dessus d'une étable, les bergers de tous pays sont là, venus adorer l'Enfant Jésus ! Fasciné, Blaise reste en ce pays mystique. Lors d'une de ses méditations champêtres, se profilent sous ses yeux, tel un mirage, les caravanes des rois mages. Elles convergent sur Bethléem. Bien accueilli dans les caravanes, il se lie d'amitié avec le roi noir, Gaspard. Notre bon berger décrit avec tant d'enthousiasme sa Provence natale que Gaspard ne peut résister à l'envie de visiter cet autre pays béni des dieux.

De retour en Provence, Blaise sert de guide à son royal ami Gaspard accompagné du roi mage Balthazar.
Dès les Alpilles, le roi Balthazar est sous le charme, il s'y installe et fonde la dynastie des redoutables seigneurs des Baux-de Provence. Depuis les seigneurs des Baux arborent l'étoile à seize rayons d'or sur leur blason en mémoire de leur illustre aïeul.

Gaspard, conquis par les mille facettes de la belle Provence, exprime sa reconnaissance en offrant une recette régalienne à Blaise. Las, notre bon berger affiche une mine défaite devant les ingrédients nécessaires, certains lui sont inconnus.

Qu'à cela ne tienne, le Mage étend son long manteau bleu sur un champ et voici qu'apparaît la lavande !
Le Mage projette son manteau vers le ciel, ramène du firmament des poussières d'étoiles et voici qu'apparaissent les amandes ! Tous les ingrédients sont désormais produits par le terroir provençal pour pâtisser une nouvelle friandise : Le Nougat.

Santon Le Roi Gaspard

Ceci n'est qu'une légende! Pas si sûr André a développé cette belle histoire dans son livre « La vraie légende du nougat de Sault » à partir d'un manuscrit retrouvé dans l'atelier de pâtissier de son arrière-grand-père.

« Voilà pourquoi, en Provence, la tradition commande que le nougat soit présent le soir de Noël, en bonne place pour la fête, parmi les treize desserts. »

André Boyer, Maître Nougatier Pâtissier Confiseur
Le Vrai Nougat de Sault
Sault-en-Provence

Nougat blanc

200 g d'amandes
250 g de sucre en poudre
250 g de miel
50 g de pistaches
3 blancs d'œufs
feuilles de papier azyme ou « papier hostie »

Tremper les amandes trois minutes dans de l'eau bouillante, retirer la peau (monder), les sécher et les faire dorer au four.
Monter les blancs d'œufs en neige très ferme et les réserver.

Préparer simultanément deux casseroles :

Une casserole avec le sucre et un verre d'eau, l'autre casserole avec le miel.
Faire fondre le sucre, puis le cuire 10 minutes et à ce moment engager la cuisson du miel.
Laisser réduire encore 10 minutes tout en tournant le miel.
Le sucre doit avoir une teinte blonde et une goutte de sucre ou de miel tombant dans un verre d'eau froide doit former une boule assez ferme.
Mélanger le sucre et le miel.
Verser doucement ce mélange sur les œufs en neige en tournant avec une cuillère en bois pour obtenir une crème homogène.

Transvaser le tout dans une casserole et chauffer à feu doux tout en tournant lentement pendant quelques minutes.
Incorporer les amandes et les pistaches en tournant hors du feu.
Verser la pâte sur une plaque à rebords, garnie de papier azyme.
Étaler la pâte régulièrement et la recouvrir d'un papier azyme, lui superposer un objet plat pour faire poids.
Laisser refroidir une journée.

Découper les barres de nougat.

Un des treize desserts de Noël le plus difficile à réaliser soi-même. Sa réussite réside dans la cuisson simultanée de chaque ingrédient. Plus on cuit la pâte, plus le nougat durcit.

Nougat du capucin

figues sèches
amandes ou cerneaux de noix

Introduire une amande ou un cerneau de noix dans la figue séchée.

Très ancien, très simple, très bon et très énergisant !

Marie Gounin, Une Mémoire du village, Mouriès

Nougat glacé

Pour 8 à 10 personnes

250 g de fruits confits
130 g de sucre
60 g de glucose
100 g de miel liquide
100 g d'amandes effilées
4 blancs d'œufs
6 cl de Grand-Marnier
50 cl de Chantilly

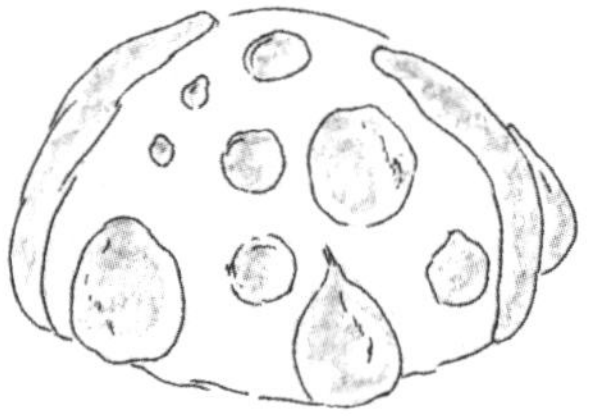

Dorer rapidement les amandes à four chaud.
Dans un saladier, battre les blancs d'œufs en neige ferme et les réserver.
Porter à ébullition le sucre, le miel et le glucose.
Verser la préparation sur les blancs en neige, mélanger l'ensemble au fouet jusqu'à refroidissement du mélange.
Ajouter le Grand-Marnier, la Chantilly puis les amandes et les fruits confits. Verser l'ensemble dans un moule.
Mettre au congélateur pendant 3 heures.

Un rafraîchissement très gourmand pour faire la digestion !

Maison Léopold Marliagues, Fabrique de Fruits Confits, Apt

Nougat noir de mamé

700 g de miel de romarin ou lavande
1 kg d'amandes décortiquées
feuilles de pain azyme

Porter le miel à ébullition, verser les amandes et continuer à cuire lentement tout en remuant l'ensemble. On sait que les amandes sont cuites lorsqu'en mettant une amande dans une soucoupe et en la coupant en deux, son milieu est légèrement doré.
Garnir un récipient de pain azyme, vider le miel et les amandes et recouvrir le tout d'une deuxième feuille de pain azyme.
Disposer dessus une planche ou autre matériel faisant poids.
Laisser tiédir et couper avec le couteau à pain le nougat encore chaud ! La température idéale est lorsqu'on peut toucher le nougat sans se brûler !

Le meilleur nougat est à base de miel à fleurs (miel de nectar) qui ne contient pas de miellat mais le suc des fleurs. La peau des amandes renforce le goût du nougat. C'est un nougat à l'ancienne du temps où le réfrigérateur n'existait pas et que l'on avait le goût du goût !

Marie Gounin, Une Mémoire du village, Mouriès

Oreillettes fines de Mouriès

1 kg de farine
1 cuillerée à soupe de sucre en poudre
1 noix de beurre à température ambiante
12 œufs
huile d'olive
huile de friture
sel

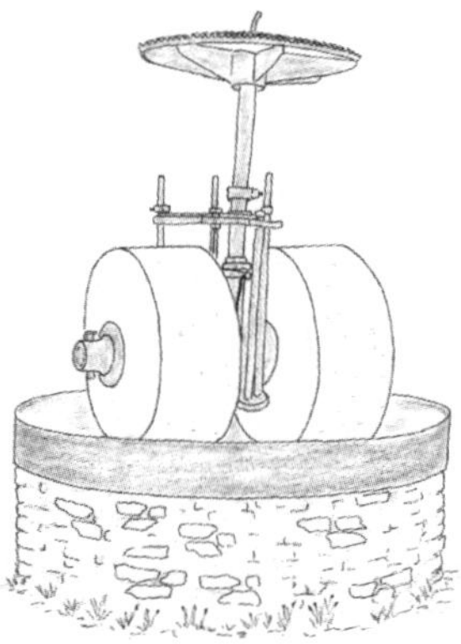

Verser la farine dans un cul-de-poule (saladier profond), creuser un puits, casser les œufs dans le puits, ajouter le sucre, un filet d'huile d'olive et une pincée de sel.
Faire une pâte et lui incorporer progressivement le beurre.
Travailler la pâte 15 à 20 minutes, elle ne doit plus attacher aux mains.
Envelopper la pâte d'un torchon et la laisser reposer 2 à 3 heures dans la pièce où elle a été travaillée.
Étaler la pâte sur la table enfarinée, couper des bandes de 5 à 6 centimètres de largeur et les allonger le plus finement possible en jouant sur l'épaisseur.
Dans chaque bande, couper des morceaux de 6 à 7 centimètres et les étirer pour obtenir la plus fine épaisseur, si besoin appuyer avec le pouce sur la pâte.
Les plonger dans l'huile de friture bouillante, les retirer à coloration qui est très rapide et les égoutter.

Présenter dans une corbeille ces jolies oreillettes craquantes saupoudrées de sucre cristallisé.

Ces oreillettes se font sans compter, s'il n'y en a pas trop, ce ne sera pas assez !
Les gourmands ne sont jamais loin de la corbeille et elle doit être garnie tout le temps de Noël.
Pour assurer la quantité, la cuisinière a besoin de main d'œuvre, c'est une chaîne conviviale qu'elle dirige dans sa cuisine pour la friture des oreillettes, et le papotage... :

– Le passeur d'oreillettes non cuites prépare trois oreillettes sur son bras.

– La cuisinière trempe les oreillettes dans la friture, les ressort et les dépose frites dans l'égouttoir.

– Le « sucreur » verse les oreillettes égouttées dans la corbeille et les sucre.

Toutes les trente oreillettes, filtrer l'huile en prenant toutes les précautions nécessaires à la manipulation de l'huile chaude et à la stabilité du récipient de récupération d'huile adéquat.

Ces oreillettes de tradition pour les treize desserts se font également toute l'année pour accompagner le sirop des enfants, pour les bonnes œuvres des kermesses où elles sont vendues au poids.

Marie Gounin, Une Mémoire du village, Mouriès

Oreillettes

1 kg de farine
6 œufs
1 zeste de citron râpé
1 orange
3 ou 4 cuillerées à soupe
de fleur d'oranger
60 g de beurre fondu
sel
garniture
sucre en poudre

Réserver la moitié de la farine, mélanger le reste avec les œufs, le zeste de citron, le jus de l'orange et son zeste râpé, la fleur d'oranger, le beurre et le sel.
Pétrir avec les mains en ajoutant petit à petit la farine réservée.
Lorsque la pâte n'absorbe plus de farine, en faire une boule puis la laisser reposer 2 heures à température ambiante.
Étaler et découper la pâte en plusieurs rectangles, de 5 centimètres sur 10, sur un plan de travail huilé.
Les plonger dans un bain de friture.
Sucrer à volonté.

Les oreillettes sont ici une tradition de Noël, les anciens et les gourmands vous le diront : « Pas un Noël sans oreillettes ! »

Jeanine Chabran, Domaine « L'Oustau des Lecques », Vacqueyras

Pain d'épice maison

350g de farine
50g de sucre
2 cuillerées à soupe de miel
1 cuillerée à café de bicarbonate de soude
1 sachet de levure en poudre
épices au choix : Cannelle, 4 épices...
2 cuillerées à soupe de crème
1 noix de beurre
1 verre de lait

Dans une grande casserole, chauffer le lait puis faire fondre le beurre et le miel, ajouter la crème.
Incorporer la farine, le sucre, le bicarbonate, la levure et les épices bien mélanger l'ensemble.
Verser dans un moule à cake et laisser monter la pâte pendant 1 heure en étuve (dans un endroit chaud).
Mettre à four moyen dès que la pâte commence à brunir, la couvrir d'une feuille d'aluminium jusqu'à la fin de la cuisson.

Le pain d'épice est cuit lorsqu'en piquant avec la pointe d'un couteau, celle-ci ressort propre.

Le pain des sportifs aimé de tous !

Annie Saïssi et Pierre Aubert, Chambres d'Hôtes, Entrevaux

Panade

3 à 4 pommes
100 g de sucre
zestes d'orange

Pâte :

250 g de farine
100 g de sucre en poudre
1 œuf
100 g de beurre
1 pincée de sel

Préparer la pâte en mélangeant tous ses ingrédients jusqu'à l'obtention d'une pâte homogène.
Laisser reposer au moins une heure.
Râper les pommes façon 'carotte', incorporer le sucre et les zestes d'orange.
Étaler la pâte dans un moule à tarte, la garnir avec les pommes râpées et confectionner des croisillons avec le reste de pâte.
Mettre à four chaud pendant environ 45 minutes.

Dessert fondant traditionnel du pays d'Orange indispensable sur la table des treize desserts.
Ne pas confondre avec la soupe de pain cuit ou le mélange de pain et œuf du même nom !

Gilbert Camarca, Domaine du Vieux Bouigard
Chambres d'hôtes de charme en Provence, Orange

Pâte d'amandes

125 g de poudre d'amandes
125 g de sucre en poudre
125 g de crème fraîche épaisse

Dans une casserole, mélanger les ingrédients, chauffer à feu doux, tout en tournant régulièrement à la spatule en bois pendant 15 minutes.
Verser la pâte sur un marbre ou une plaque huilée, l'égaliser en appuyant avec une spatule en bois.
Laisser tiédir et découper en bandes.

Une friandise agréable, le plus difficile est de résister à la tentation de tout manger.

Caramels mous

Même recette que la pâte d'amandes en chauffant au moins 10 minutes supplémentaires.

La consistance du caramel dépend du temps de chauffe, plus il aura cuit, plus il sera brun, plus il sera dur.

Pâte de coings

2 kg de coings
1 kg à 1 kg et demi de sucre en poudre

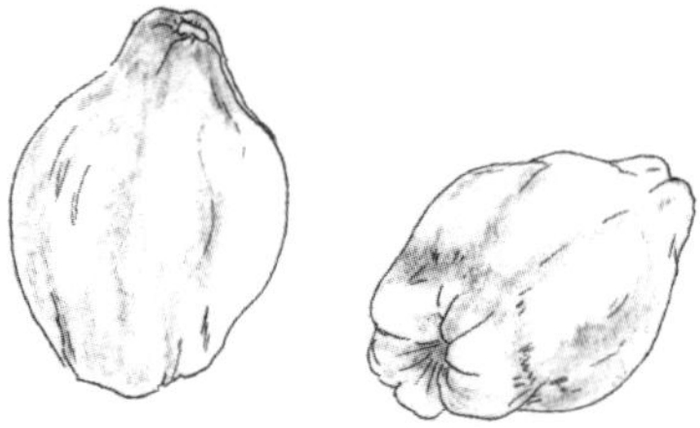

La veille

Laver les coings, les couper en 4, enlever les pépins et les réserver. Éplucher les morceaux, les faire blanchir dans un peu d'eau durant 10 minutes.

Les laisser égoutter une nuit.

Le jour même

Récupérer le jus avec les pépins et les réserver pour la gelée de coings. Mouliner les morceaux cuits.
Incorporer un kilo de sucre par kilo de pâte moulinée.

Cuire la pâte à petit feu et touiller énergiquement cette pâte consistante, jusqu'à ce qu'elle devienne rose.

Tout est bon dans le coing, les pépins et le jus réservés vont servir à la réalisation de la gelée de coings.

Le rayon de soleil fait maison !

Mamie Germaine, Arboricultrice Mas Chaine
Les Paluds de Noves

Pâte de pommes

500 g de pommes
625 g de sucre en poudre
1 gousse de vanille
1 cuillerée à soupe de jus de citron
1 cuillerée à soupe d'huile d'olive
sucre cristallisé pour l'enrobage

Laver les pommes, les couper en gros dés.
Dans une casserole, verser les pommes avec un petit verre d'eau, cuire à feu doux pendant environ 15 minutes.
Passer les pommes au moulin à légumes.
Remettre les pommes dans une casserole, ajouter le sucre en poudre, la gousse de vanille ouverte, le jus de citron et l'huile d'olive, mélanger le tout avec une spatule en bois.
Mettre à feu fort, remuer régulièrement avec la spatule pendant 15 minutes, la pâte de pommes doit se détacher facilement du bord de la casserole.
Verser la pâte dans un moule à caramel ou sur un marbre, la laisser refroidir.

Découper la pâte en cubes, et les rouler dans du sucre cristallisé.

Un petit cube, des petits cubes... Oui, mais de pommes !

Petits succès

<u>Pour 12 pièces</u>

12 croustades de pâte sucrée (voir page 55)
fondant (voir page 59)
80 g de noix
80 g de miel
vanille en poudre
extrait de café
80 g de beurre
décoration : 6 noix

Piler finement les noix, ajouter petit à petit le miel, puis le beurre ramolli et la vanille.
Remplir les croustades de ce mélange.
Chauffer le fondant au bain-marie, incorporer l'extrait de café.
Répartir le fondant sur les croustades.
Décorer d'un cerneau de noix.

Succès garanti !

Les Amis de la Cuisine Provençale, La Roquebrussanne

Pignoulats

Pour 10 pièces

250 g de poudre d'amandes
2 blancs d'œufs
1 œuf
150 g de pignons de pin
250 g de sucre en poudre
2 cuillèrerées à soupe de fleur d'oranger

Dans un saladier, mélanger à la fourchette la poudre d'amandes et le sucre.
Incorporer les blancs d'œuf, parfumer à la fleur d'oranger et bien mélanger jusqu'à l'obtention d'une pâte ferme et lisse.
Battre l'œuf entier à la fourchette.
Confectionner une dizaine de croissants sans les recourber, les tremper dans l'œuf battu.
Rouler chaque croissant dans les pignons pour qu'ils adhèrent bien à la pâte, les courber légèrement.
Les disposer sur une plaque à four huilé.

Mettre à four moyen pendant 5 à 8 minutes en surveillant.

Une recette de croissants croquants qui a survolé les temps de Noël dans la Provence des pinèdes !

Poires de la Saint-Jean au sirop

1 kg de petites poires
de la Saint-Jean
700 g de sucre en poudre

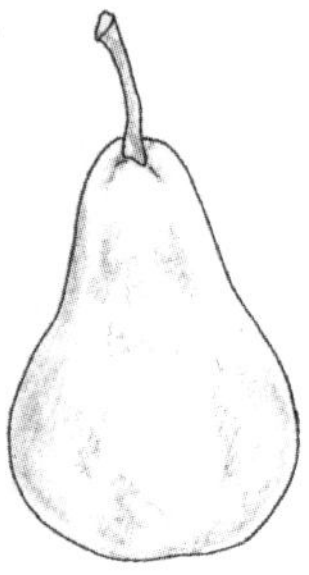

Peler les poires sans retirer la queue.
Faire un sirop avec le sucre, lorsqu'il bout, mettre les poires une à une dans le sirop, baisser le feu et cuire doucement en roulant les poires sans les abîmer.

Lorsqu'elles sont imbibées de sirop, les disposer dans la soupière avec le fond de sirop et la couvrir.

Au moment de Noël, chacun se sert dans la soupière en saisissant la poire par la queue dans le sirop cristallisé, un vrai luxe, un vrai délice, un goût d'antan à retrouver !

Marie Gounin, Une Mémoire du village, Mouriès

Pommes d'amour

4 à 5 pommes (type royal gala)
500 g de sucre en poudre
100 g de beurre
colorant alimentaire rouge

Équeuter les pommes et les munir d'un pique à brochette.

Préparer un sirop dans une casserole avec 50 cl d'eau et le sucre, avant ébullition, ajouter le beurre et 4 à 5 gouttes de colorant. Porter le sirop au petit cassé, une goutte de sirop jetée dans de l'eau froide doit se durcir rapidement.

Mettre la casserole de sirop au bain-marie à l'eau froide, tremper les pommes une à une dans le sirop, recommencer plusieurs fois.

Les laisser sécher inclinées.

La pomme en robe de fête aux couleurs de Noël, elle est aussi rouge que la tomate également appelée pomme d'amour en Provence.

Pompe à l'huile

1 kg de farine
250 g de sucre cassonade
3 œufs
1 zeste d'orange
1 zeste de citron
fleur d'oranger
1 demi-verre d'huile d'olive
1 pincée de sel

Levain de pâte à pain

200 g de farine
5 g de levure de boulanger

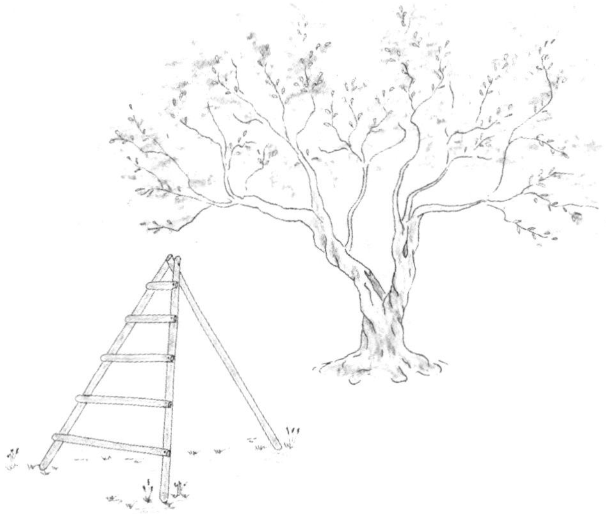

La veille

Préparer le levain avec la farine et la levure délayée dans 15 centilitres d'eau tiède.

Le jour même

Mettre la farine en fontaine, ajouter le levain coupé en morceaux, le sucre, le sel, l'huile d'olive et les œufs.
Bien mélanger l'ensemble, ajouter les zestes râpés d'orange et de citron. Malaxer la pâte comme pour une brioche jusqu'à ce qu'elle soit bien souple.

La rouler en boule et la laisser lever couverte d'un linge dans un endroit tiède pendant 6 heures.

Retravailler la pâte, la diviser en 8 morceaux, les disposer en couronne sur une plaque à four et laisser reposer pendant 2 heures. Mettre à four chaud pendant 25 minutes.

Après cuisson, l'asperger de fleur d'oranger et la laisser sécher 5 minutes à l'entrée du four ouvert.

Pont d'Avignon

La plus traditionnelle pâtisserie des treize desserts en couronne et à la cassonade parfumée aux zestes de citron et orange.

Richard, Chef de Cuisine du Restaurant La Ferme, Avignon

Pralines aux amandes

250 g d'amandes
250 g de sucre en poudre

Mélanger le sucre et les amandes dans un récipient à fond épais ou une bassine à confiture, ajouter 25 centilitres d'eau.
Cuire à feu fort jusqu'à l'obtention d'un sirop épais, en trempant une cuillère dans le sirop, celui-ci doit retomber en un long filet dans la bassine.
À partir de ce moment, tourner l'ensemble avec une cuillère ou spatule en bois jusqu'à l'évaporation totale de l'eau. Lorsque le sucre commence à sabler, baisser le feu, ramasser le fond et les bords de la bassine de manière à enrober les amandes.

Verser rapidement dans un plat et laisser refroidir.

Je vous ai apporté des bonbons, parce que les fleurs c'est périssable et les bonbons c'est tellement bon...

On a autant de plaisir à humer cette bonne odeur chaude de sucre-amandes qu'à croquer les pralines.

Autrefois, les marchands de bonbons organisaient de petits lotos, la gagne étant un cornet bien garni de pralines.

Les Amis du Vieux Toulon et de sa Région, Toulon

Riz au lait

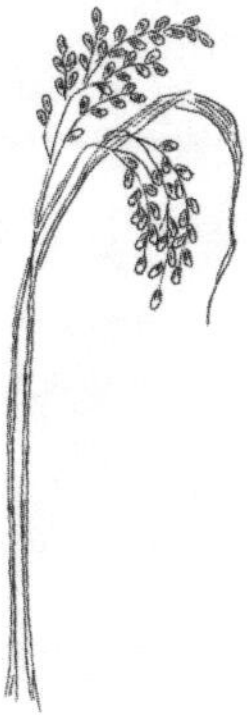

175 g de riz rond blanc de Camargue
125 g de sucre en poudre
2 œufs
1 gousse de vanille
ou un sachet de sucre vanillé
1 l de lait
1 pincée de sel

Jeter le riz en pluie dans un litre d'eau bouillante très légèrement salée.
Blanchir le riz pendant 2 à 3 minutes, puis l'égoutter.
Pendant ce temps, porter à ébullition le lait avec la gousse de vanille ouverte ou le sachet vanillé.
Ajouter le riz égoutté, dès frémissement, couvrir et laisser cuire à feu très doux pendant 25 minutes.
Dans un saladier mélanger les œufs et le sucre jusqu'à ce que le mélange blanchisse, l'incorporer dans le riz.
Remettre à feu très doux pendant 5 minutes.

Verser le riz dans un tian, le laisser refroidir pour que le riz finisse d'absorber le lait et mettre au réfrigérateur.

Un souvenir gourmand d'enfants et adolescents qui perdure en grandissant !

Rochers aux mendiants

Pour 20 pièces environ

1 tasse de sucre en poudre
1 sachet de sucre vanillé
1 tasse d'amandes pilées
1 tasse de noisettes pilées
1 œuf
1 noix de beurre
1 pincée de sel

Dans un saladier, mélanger le sucre en poudre, le sucre vanillé et le sel.
Incorporer l'œuf et le beurre, ajouter les mendiants (amandes et noisettes pilées) et bien mélanger l'ensemble.
Sur une plaque à four huilée, disposer les rochers en environ 10 tas séparés les uns des autres.
Cuire environ 15 minutes en surveillant.

Fait main, fait cœur !
Ces mendiants des treize desserts sont bien tentants !

Sablés à la farine de petit épeautre

350 g de farine de petit épeautre du Mont Ventoux
120 g de sucre semoule
80 g de poudre d'amandes de Provence
6 g de bicarbonate de soude
2 œufs entiers + 2 jaunes d'œufs
15 g de cannelle et 1 demi-zeste de citron
120 g de beurre
dorure : 1 jaune d'œuf

Mont Ventoux

Mélanger le beurre en pommade avec le sucre semoule, ajouter la cannelle, le zeste de citron, les œufs entiers et les 2 jaunes.
Dans un autre récipient, mélanger la farine de petit épeautre, la poudre d'amande et la poudre à lever (bicarbonate).
Mélanger les 2 préparations en une pâte bien homogène, laisser reposer au frais pendant 2 heures.
Étaler cette pâte et la découper en figures de votre choix : cercles, losanges, étoiles, triangles...
Les disposer sur une plaque légèrement beurrée et badigeonner les biscuits avec un jaune d'œuf.
Mettre à four chaud pendant 10 minutes environ.

Des sablés tonifiants réservés « que pour les enfants », mais les plus grands peuvent se servir en cachette surtout s'ils ont besoin de se refaire une santé !

André Boyer, Maître Nougatier Pâtissier Confiseur
Le Vrai Nougat de Sault
Sault-en-Provence

Sacristain

1 pâte feuilletée
150 g d'amandes effilées
1 jaune d'œuf
sucre glace

Étaler la pâte sur une épaisseur d'au moins 5 millimètres.
Couper des bandes de 2 centimètres de large sur 10 centimètres de long.
Torsader chaque bande, les dorer avec le jaune d'œuf, saupoudrer de sucre glace et les parsemer d'amandes effilées.
Pincer les extrémités de chaque bande.

Mettre à four chaud pendant 15 minutes.

La récompense gourmande !

Olivier Fernay, Manade Fernay, Arles

Séchage du raisin et des figues

Raisins de cépage clairette ou muscat bien mûrs

Les disposer sur claies et les laisser sécher jusqu'à Noël dans une pièce propre.

Figues

Elles sont séchées « à la fenêtre » ou sur claies suspendues.

On peut encore voir sous la fenêtre de certaines maisons à étages deux trous qui recevaient les bâtons supportant la claie. Les figues étaient mises à sécher sur cette claie en toute sécurité !

Marie Gounin, Une Mémoire du village, Mouriès

Tarte à la confiture de citre

400 g de confiture de citre

Pâte

250 g de farine
100 g de sucre en poudre
1 œuf
100 g de beurre
1 pincée de sel

Préparer la pâte en mélangeant tous ses ingrédients jusqu'à l'obtention d'une pâte homogène.
Laisser reposer au moins une heure.
Étaler la pâte dans un moule à tarte, la recouvrir de confiture et confectionner des croisillons avec le reste de pâte.
Mettre à four chaud pendant environ 45 minutes.

N'oubliez pas les croisillons, ils font partie de la décoration, de la tradition et de la gustation !

Gilbert Camarca, Domaine du Vieux Bouigard
Chambres d'hôtes de charme en Provence, Orange

Tarte à la pastèque

1 pâte brisée
200 g de sucre cristallisé
400 g de confiture de pastèque
2 jaunes d'œufs
20 cl de crème fraîche liquide
1 cuillerée à café de Maïzena

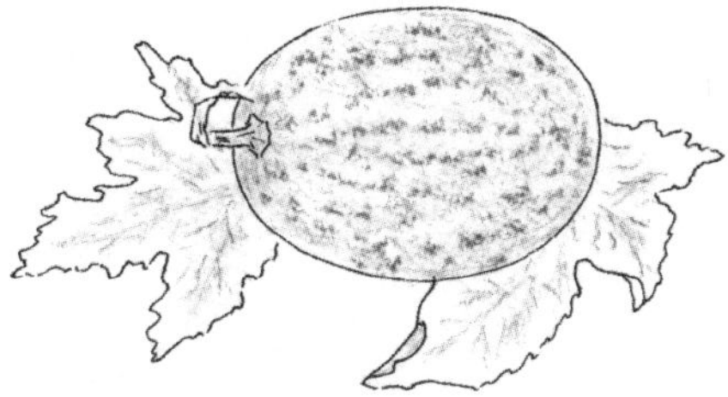

Étaler la pâte dans un moule à tarte, verser la confiture en détaillant les gros morceaux en dés.
Dans un saladier, préparer le nappage en mélangeant les jaunes d'œufs, le sucre, la crème et la Maïzena.

Verser le nappage sur la tarte et mettre à four chaud pendant 45 minutes.

Les papilles en fête !

Rosy et Serge Spada, Ferme de Capelude Chambres d'Hôtes
Collobrières

Tarte aux citrons

1 pâte brisée
2 citrons
120g de poudre d'amandes
150g de sucre cristallisé
3 œufs
150g de beurre

Dans un saladier, mélanger rapidement au fouet les œufs et le sucre.
Ajouter la poudre d'amandes, les zestes râpés des citrons et le jus de citron, mélanger énergiquement au fouet, incorporer le beurre ramolli.
Garnir un moule à tarte avec la pâte brisée, la couvrir de crème de citron.

Mettre à four chaud pendant 25 minutes en surveillant la coloration.

Un goût acidulé qui réveille les souvenirs d'enfance.

Cette tarte est l'héritière d'une ancienne tarte pâtissée aux rondelles de citrons confites dans un sirop au filet, posées sur de la crème d'amandes.

Tarte aux oranges

4 à 5 petites oranges à peau fine
4 à 5 cuillerées à soupe de confiture d'abricots

Pâte

200g de farine
75g de sucre en poudre
1 œuf
1 demi-sachet de levure de boulanger
2 cuillerées à soupe d'huile d'olive
10cl de lait

Préparer quelques heures à l'avance la pâte avec ses ingrédients, elle doit doubler de volume.
Garnir un moule à tarte avec la pâte, confectionner des bords assez épais, piquer le fond à la fourchette.
Mettre à four chaud pendant 20 minutes.
Laisser refroidir, pendant ce temps couper les oranges en fines rondelles en supprimant les pépins.
Chauffer la confiture d'abricot, badigeonner le fond de tarte et les bords avec la moitié de la confiture chaude.
Disposer les rondelles d'orange en les faisant chevaucher et recouvrir le centre de la tarte avec une rondelle.

Napper les rondelles d'orange avec le reste de confiture chaude.

La tarte tout soleil dans la forme, les couleurs et les saveurs.

Tarte aux pommes à la crème de marrons

1 pâte brisée
1 kg de pommes
250 g de crème de marrons
sucre en poudre

Garnir un moule à tarte avec la pâte brisée, piquer la pâte à la fourchette.
Étaler la crème de marrons sur la pâte et la recouvrir de fines lamelles de pommes.
Saupoudrer de sucre en poudre.
Mettre à four chaud pendant 25 à 30 minutes.

Un mariage marron pomme réussi en goût et alliance vertueuse pour la santé !
Si vous manquez de crème de marrons, remplacez-la par de la compote de pommes. Pomme, pomme, pomme...

Tarte aux pommes à l'huile d'olive

Pour 4 personnes

1 pâte feuilletée
2 à 3 pommes reinettes, boskoop...
cassonade
huile d'olive

Étaler la pâte dans un plateau à tarte.
Couper les pommes épépinées en tranches fines de moins d'un demi-centimètre, et les disposer sur la pâte.
Saupoudrer de cassonade.
Arroser d'un filet d'huile d'olive.
Mettre à four chaud pendant 20 à 25 minutes.

Les reinettes ou boskoop font partie de ces pommes à goût très prononcé. Leur saveur alliée à la cassonade et une huile d'olive douce est irrésistible. Préparer plusieurs tartes, il n'y aura pas de restes !

Axelle et Francis Crouau, Camping à la Ferme Les Amandaies
Mouriès

Tarte aux pommes meringuée

Pour la pâte

250 g de farine
15 g de sucre en poudre
3 œufs
fleur d'oranger
2 cuillerées à soupe d'huile d'olive
sel

Pour la garniture

2 à 3 pommes
50 g de sucre en poudre
cannelle en poudre
2 blancs d'œufs

La veille

Mélanger la farine, le sucre et une pincée de sel, faire un puits, mettre au creux du puits l'huile d'olive, la fleur d'oranger et les œufs. Malaxer l'ensemble et le pétrir jusqu'à l'obtention d'une pâte ferme et homogène.

Réserver au réfrigérateur dans un linge fariné.

Le jour même

Retravailler la pâte quelques minutes et la laisser reposer. Couper les pommes en lamelles, étaler la pâte au rouleau et garnir un moule à tarte avec la pâte. Disposer les lamelles de pommes sur la pâte en les faisant chevaucher.
Cuire à four chaud pendant 20 minutes. Pendant ce temps, battre les blancs d'œufs en neige très ferme, incorporer le sucre en continuant de battre les blancs.
Lorsque la tarte est cuite, répartir les blancs sur les lamelles de pommes et saupoudrer de cannelle.

Continuer la cuisson pendant 5 à 10 minutes environ jusqu'à la coloration de la meringue.

La tarte aux pommes est la tarte la plus réalisée sur toute l'année, voici une tarte à couverture sucrée, légère et onctueuse !

Tarte aux pruneaux de Provence

Pour 6 personnes

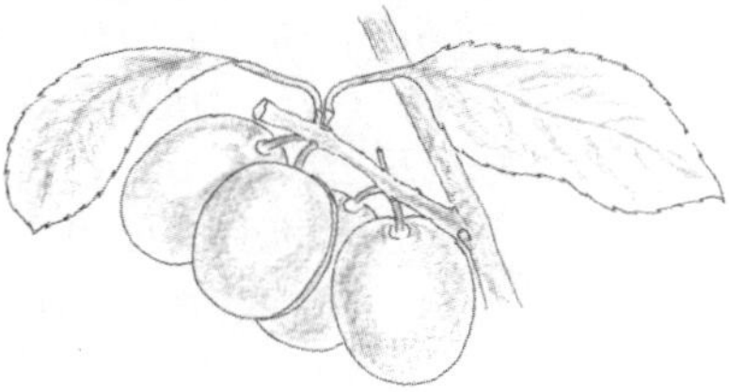

1 pâte brisée
250 g de pruneaux
80 g de sucre en poudre
1 pincée de cannelle
1 verre de vin rouge

Porter à ébullition un demi-litre d'eau avec le vin et la cannelle, verser les pruneaux et les laisser macérer pendant 3 heures.
Étaler la pâte dans un moule, la piquer avec une fourchette, la recouvrir d'une feuille d'aluminium et la mettre à four chaud pendant 15 minutes.
Laisser refroidir la pâte hors du four, pendant ce temps passer les pruneaux au chinois et les réserver.
Faire réduire le jus récupéré sur feu doux avec 60 g de sucre en poudre.
Disposer les pruneaux réservés sur la pâte, les napper avec le sirop obtenu et les saupoudrer avec le reste de sucre en poudre.

Remettre à four chaud pendant 10 minutes.

Une tarte pour le plein d'énergie fournit par le prunier et la vigne !

Sylvana, Village des Alpilles, Aureille

Tarte aux pignons

1 pâte brisée
200 g de pignons de pin
150 g de poudre d'amandes
100 g de sucre semoule
eau de fleurs d'oranger
nappage abricot
(confiture et eau tiède)

Crème pâtissière

60 g de farine
75 g de sucre en poudre
2 œufs
1 bâton de vanille
50 cl de lait

Préparation de la crème pâtissière

Porter à ébullition le lait avec le bâton de vanille ouvert sur sa longueur.

Dans une terrine, travailler la farine, le sucre et les œufs. Ajouter petit à petit le lait bouillant tout en tournant, verser l'ensemble dans une casserole et cuire à feu doux en continuant de tourner.

Mettre hors du feu au premier bouillon.

Préparation de la tarte

Garnir un moule à tarte avec la pâte brisée de 3 millimètres d'épaisseur.

Mélanger la poudre d'amandes et le sucre, incorporer ce mélange à la crème pâtissière, ajouter la fleur d'oranger et continuer à mélanger jusqu'à l'obtention d'une crème onctueuse.

Verser la crème sur le fond de tarte et recouvrir de pignons.

Cuire à four moyen pendant 40 minutes environ.

Laisser refroidir et passer un nappage abricot au pinceau.

Une tarte ensoleillée qui a entendu chanter les cigales !

Rémi Bech, Biscuiterie Artisanale Les Deux Soleils, Sollies-Pont

Tarte de courge aux noix et raisins

Pâte brisée

250g de farine
125g de beurre à température ambiante
1 pincée de sel

Garniture

500g de courge
125g de noix
125g de raisins secs
3 cuillerées de miel
2 œufs
1 cuillerée de farigoule (liqueur de thym)
10g de beurre

Préparation de la pâte brisée

Faire un puits dans la farine, mettre le beurre et le sel, travailler l'ensemble en sablant entre les mains, ajouter un demi-verre d'eau et pétrir jusqu'à l'obtention d'une pâte homogène.

Former une boule et laisser reposer une heure.

Préparation de la garniture

Débarrasser la courge de sa peau et de ses graines, la couper en petits quartiers.

Dans une sauteuse, mettre la courge, le beurre et un demi-verre d'eau.

Faire fondre doucement, en tournant de temps en temps, jusqu'à ce que la chair soit cuite en compote.

Verser cette compote dans un saladier, ajouter le miel, les noix hachées, les raisins, la farigoule et les œufs, mélanger l'ensemble.

Foncer un moule à tarte avec la pâte brisée bien fine.

Verser le mélange de courge et cuire à four chaud pendant 20 minutes environ en vérifiant que la pâte soit bien cuite.

Un dessert riche en fibres aux mendiants et à la liqueur de Provence !

Emmanuelle Burollet, Café-Restaurant de la Lavande, Lardiers

Tartelettes amandines

Pour 8 à 10 tartelettes

1 pâte sablée
4 œufs
200 g de sucre en poudre
200 g de poudre d'amandes
2 citrons
gelée d'abricots

Garnir les moules à tartelettes avec la pâte sablée. Séparer les blancs des jaunes d'œufs, battre les blancs en neige et les réserver. Éclater les jaunes d'œufs à la fourchette, ajouter le sucre et battre l'ensemble jusqu'à l'obtention d'un mélange homogène et mousseux.
Ajouter la poudre d'amandes, le jus des citrons et quelques zestes de citron râpés. Incorporer délicatement les blancs d'œufs. Répartir ce mélange dans les tartelettes, les napper de gelée d'abricots avec une spatule.

Mettre à four très chaud pendant 20 minutes.

Une recette de tartelettes versifiée par le grand poète et auteur dramatique marseillais Edmond Rostand dans une tirade de Cyrano de Bergerac. En voici un extrait :

« Battez, pour qu'ils soient mousseux,
Quelques œufs,
Incorporez à leur mousse
Un jus de cédrat choisi
...
Passent au four et, blondines,
Sortent en gais troupelets,
Ce sont les
Tartelettes amandines ! »

Tartelettes aux fruits confits

Pour 8 tartelettes environ

1 pâte sablée
300 g de fruits confits
80 g de sucre en poudre
2 cuillerées à soupe de poudre d'amandes
4 œufs
2 cuillerées à soupe de crème fraîche
1 cuillerée à soupe de fécule de pommes de terre
marc de Provence ou Frigolet

Verser les fruits confits émincés dans un bol, les arroser avec l'alcool et les laisser macérer.
Dans un saladier, battre les œufs et le sucre en poudre, incorporer la poudre d'amandes, la crème fraîche, la fécule de pommes de terre puis les fruits confits macérés.
Découper 8 ronds dans la pâte sablée pour garnir les moules à tartelettes préalablement huilés.
Répartir la garniture aux fruits confits dans les petits moules.
Cuire à four chaud pendant 20 à 25 minutes.

Les gourmands vont en reprendre !
Les seigneurs d'Apt partis en quête de la Sainte-Croix en Palestine sont revenus sans la Sainte-Croix mais avec la méthode de confisage.

Maison Léopold Marliagues, Fabrique de Fruits Confits, Apt

Tatin aux fruits séchés de Provence

Pour 6 personnes

1 pâte brisée
1 l de thé
20 abricots secs
10 pruneaux calibre 28/33 pasteurisés
50 g de sucre en poudre
50 g de beurre

Mettre à tremper les abricots et pruneaux dans le thé pendant une demi-journée.
Faire un caramel avec le sucre et le beurre, le verser dans un moule à tarte.
Égoutter les fruits secs et dénoyauter les pruneaux, disposer les fruits sur le caramel.
Recouvrir avec la pâte brisée en fonçant le bord du moule, la pâte ne doit pas déborder.
Mettre à four chaud pendant 30 minutes environ.
Démouler tiède.

Une façon de retrouver le soleil d'été dans l'assiette alors qu'il se fait timide dehors.

Georges Simonneau, Producteur de Pruneaux de Provence
Saint Martin de Crau

Truffes aux mendiants

400 g de sucre en poudre
80 g de figues séchées
80 g de cerneaux de noix
80 g d'amandes mondées (sans peau)
80 g de raisins secs
50 g de cacao en poudre
50 g de sucre glace

Mixer très finement les mendiants (figues, noix, amandes, raisins).
Les mélanger avec le sucre en poudre en malaxant l'ensemble jusqu'à l'obtention d'une pâte ferme et homogène.
Former des truffes avec cette pâte.

Mélanger le cacao et le sucre glace, rouler les truffes dans ce mélange sucré.

Des truffes bien riches pour des mendiants !

Truffes au thé de Noël en Provence

750 g de chocolat noir
10 g de thé de Noël en Provence
1 l de crème liquide
cacao
50 g de beurre

Porter la crème à ébullition, ajouter le thé hors du feu, laisser infuser le thé 5 minutes.
Filtrer et remettre cette crème parfumée sur le feu.
Juste avant l'ébullition, incorporer le chocolat noir cassé en petits morceaux, puis le beurre tiédi. Bien mélanger l'ensemble jusqu'à l'obtention d'une crème onctueuse.
Réserver au réfrigérateur pendant 12 heures.
À la sortie du réfrigérateur, ramollir la préparation au bain-marie.

À l'aide de 2 cuillères à café, former les truffes et les rouler dans le cacao.

Bienvenu dans les treize desserts, ce thé de Noël est une création de Fabienne et Michel. Il a été parfumé avec des huiles essentielles et les ingrédients traditionnels fragmentés : raisin, figue, noix, amande, noisette, datte, nougat noir, nougat blanc, melon confit, fleur d'oranger, mandarine, poire, coing...

Une recette nouvelle dans l'esprit des treize desserts au résultat délicieusement gourmand.

Fabienne, Charmeroy, Maison de goûts
Saint-Rémy-de-Provence

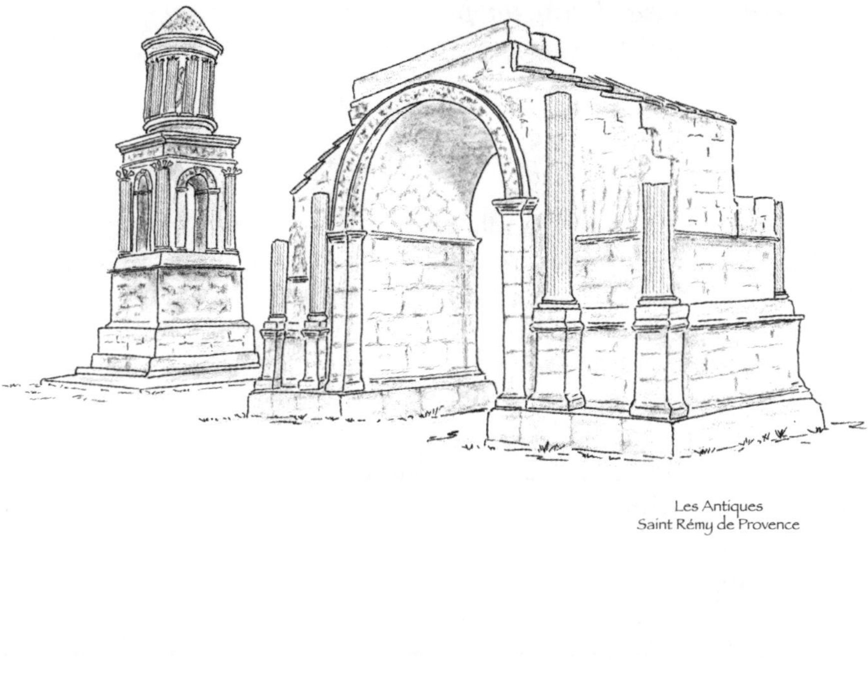

Les Antiques
Saint Rémy de Provence

Tuiles aux amandes de Provence

170 g d'amandes de Provence hachées ou effilées
170 g de sucre glace
70 g de farine
1 œuf
3 blancs d'œufs
vanille liquide ou en poudre

Dans un saladier, mélanger le sucre, les amandes et la farine. Ajouter les blancs d'œufs et l'œuf entier, mélanger sans trop travailler la préparation, parfumer avec la vanille. Sur une plaque à four huilée et farinée, disposer rapidement des cuillerées à café de pâte en petits tas espacés.
Écraser ces petits tas avec une fourchette humidifiée à chaque opération dans un verre d'eau.

Cuire immédiatement à four chaud jusqu'à ce que les tuiles soient dorées à souhait. Les sortir aussitôt du four et les mettre à refroidir sur une gouttière ou un rouleau pour leur donner la forme de tuile romane.

De bonnes tuiles croustillantes que l'on reçoit avec plaisir !

André Boyer
Maître Nougatier Pâtissier Confiseur, Le Vrai Nougat de Sault
Sault-en-Provence

Vin cuit

moût de raisin frais

Verser le jus de raisin dans un chaudron en cuivre, le chauffer doucement en écumant, le jus doit frémir sans ébullition. Arrêter lorsque le jus à réduit d'un tiers, sa densité doit alors être de 19° Baumé sur le densimètre.
Laisser refroidir et attendre que la fermentation se fasse, celle-ci dépend de la température ambiante.
Ensuite filtrer le jus et le mettre en bouteille.

Le moût de raisin frais se trouve à la saison des vendanges.
C'est un vrai plaisir que de humer les senteurs de ce vin cuit en débouchant une bouteille. Il se sert toute l'année en apéritif, au dessert, mais aussi traditionnellement pour accompagner les treize desserts et « faire mouillette » avec sa fougasse ou son gibassié.
Sa présence est indispensable pour respecter la coutume du cacho-fio !

Christine Cheylan, Château Virant
Vins et Huiles d'olive, Lançon de Provence

Tradition du Cacho-fio

Une coutume rassemble toute la famille avant le Gros Souper de Noël, le plus âgé et le plus jeune de la famille font trois fois le tour de la table, en tenant une bûche d'arbre fruitier à chaque extrémité.

Ils déposent la bûche dans la cheminée, l'aïeul l'arrose d'un verre de vin cuit et dit pour conjurer le sort :

« Alègre, Alègre !
Mi bèus ami, Dieù nous alègre !
Emé Calendo, tout bèn vèn
Cacho-fio metèn,
Cacho-fio pausèn,
Dièu nous fague la gràci de vèire l'an que vèn :
E se noun sian pas mai que noun fugen pas mens ! »

« Allégresse, Allégresse !
Mes beaux enfants, que Dieu nous réjouisse !
Avec les fêtes de Noël, tout arrive bien
Mettons la bûche,
Posons la bûche,
Dieu nous fasse la grâce de voir l'an qui vient :
Et si nous ne sommes pas plus, nous ne soyons pas moins ! »

Christine Cheylan, Château Virant
Vins et Huiles d'Olive, Lançon de Provence

Carnet d'adresses

Arboriculture fruitière

Val de Provence

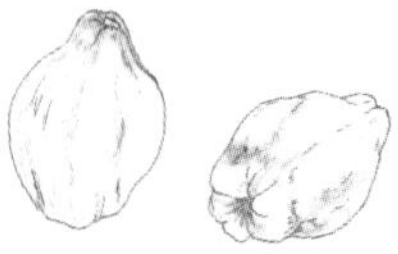

Mas Louis Chaine
Petite route de Verquières
13550 Paluds de Noves
Tél : 04 90 95 05 66

Boulangerie, pâtisserie, confiserie

Pays d'Arles

Jean-Marie Fassy
Boulangerie-Pâtisserie
4 cours Jeanne d'Arc
13910 Maillane
Tél : 04 90 95 74 01
Fax : 04 90 95 79 35

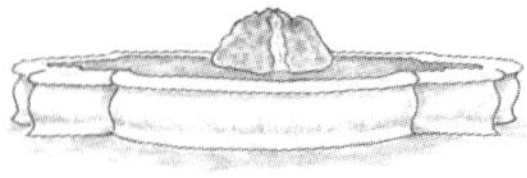

José Ferrandez
La Florentine
Place de la Mairie
13310 Saint-Martin-de-Crau
Tél : 04 90 47 22 49

Pays de Sault en Provence

André Boyer
Maître Nougatier-Patissier-Confiseur
Le Vrai Nougat de Sault
84390 Sault en Provence
Tél : 04 90 64 00 23
Fax : 04 90 64 08 99

En Avignon

Claude et Fernand Sinard
La Tropézienne
22 rue Saint Agricol, 84000 Avignon
Tél : 04 90 86 24 72
Fax : 04 90 86 24 72

La vallée du Gapeau

Rémi Bech
Biscuiterie Artisanale Les Deux Soleils
Le Logis Neuf, 83210 Solliès-Pont
Tél : 04 94 28 94 72, Fax : 04 94 13 03 26

Camping à la ferme

Axelle et Francis Crouau
Mas Bou Malek Les Amandaies
13890 Mouriès
Tél : 04 90 47 50 59

Chambres d'hôtes

Gilbert Camarca
Domaine du Vieux Bouigard
Chambres d'Hôtes de Charme en Provence
Route de Sérignan
84100 Orange
Tél : 04 90 11 08 21
Fax : 04 90 11 10 82
e-mail : vieux.bouigard@wanadoo.fr

Jeanine Chabran
Domaine « L'Oustau des Lecques »
84190 Vacqueras
Tél : 04 90 65 84 51
Fax : 04 90 84 81 19

Odette et Alain Gaudemard
Les Bouilladoires
84220 Gordes
Tél : 04 90 72 21 59

Rosy et serge Spada
Ferme de Capelude
Route de Grimaud CD14
83610 Collobrières
Tél : 04 94 56 80 35
Site : chez.com/capelude
e-mail : capelude@club-internet.fr

Annie Saïssi et Pierre Aubert
Le Plan
04320 Entrevaux
Tél : 04 93 05 42 92

Les Alpilles

Orange

Comtat
Venaissin

Pays de Gordes

Pays des Maures

Pays des 3V
Verdon, Vaïre, Var

Cave vinicole et oléicole

Les Alpilles

Jean Maureau et Patrice Vila Chef Sommelier
Cave La Vigne et l'Olivier
55 cours Alphonse Daudet
13990 Fontvieille
Tél : 04 90 54 68 67
Fax : 04 90 54 68 29

Cours de cuisine provençale

Pays Brignolais

Les Amis de la Cuisine Provençale
Espace J.B Reboul BP 8
83136 La Roquebrussanne
Tél : 04 94 86 80 29
04 94 86 93 36

Comtat Venaissin

Ferme pédagogique, visites, goûter
Rose et Claude Combe
Domaine de l'Oiselet
Route des Garrigues de l'étang
84260 Sarrians
Tél : 04 90 65 57 57
Fax : 04 90 65 57 57

Distillateur de la liqueur Frigolet

Pays d'Arles

Distillerie Frigolet
Lucienne et François Inisan
26 rue Voltaire, 13160 Châteaurenard
Tél : 04 90 94 11 08
Fax : 04 90 90 05 62
e-mail : frigolet@aol.com
site : www.frigoletliqueur.com

Fabricant de confitures artisanales

Provence Verte

Sophie Argouarc'h
La Ferme du Plan Saint-Antoine
Route de Châteauvert, 83570 Correns
Tél : 04 94 59 50 64
Fax : 04 94 59 50 64
e-mail : confitures_du_soleil@yahoo.fr

Fabricant de fruits confits

Maison Léopold Marliagues
Route de Gargas BP 16
84401 Apt Cedex
Tél : 04 90 74 15 30, Fax : 04 90 74 19 53
e-mail : leopold.marliagues@libertysurf.fr

Pays d'Apt
Cœur du Luberon

Manade

Olivier Fernay
Les Jasses de la Ville
Route Nationale, Pont de Crau
13200 Arles
Tél : 04 90 96 26 22
Fax : 04 90 18 95 04

Pays d'Arles

Moulin à Huile, viticulture

Château Virant
Huile d'olive AOC
Vins AOC Coteaux d'Aix en Provence
Vin cuit, Gelée de Vin Cuit
13680 Lançon de Provence
Tél : 04 90 42 44 47
Fax : 04 90 42 54 81
site : www.chateauvirant.com

Pays d'Aix et
de Salon-de-Provence

Musée et culture varoise

Société Les Amis du vieux Toulon
et sa région
69 cours Lafayette
83000 Toulon
Tél : 04 94 62 11 07, Fax : 04 94 62 11 07

Toulon

Producteurs de fruits

Copsolfruit
Figues violettes de Soliès
345, Chemin des Laugiers
83210 Sollies-Pont
Tél : 04 94 28 94 37, Fax : 04 94 33 31 73

La vallée du
Gapeau

Provence côtière

Denise Lacour
Kiwis et agrumes
Domaine du Fenouillet
83400 Hyères
Tél : 04 94 65 13 26, Fax : 04 94 65 81 45

Pays d'Arles

Georges Simonneau
Pruneaux de Provence
Mas Saint-Hubert, Craulonguette
13310 Saint Martin de Crau
Tél : 04 90 47 34 85

Producteurs de miel

Les Alpilles

René Gros
40 rue Jean Jaurès
13890 Mouriès
Tél : 04 90 47 56 29

Restauration

Camargue

André Monnet, Chef de Cuisine
du restaurant « Au fond du Jardin »
Membre du conservatoire des Cuisines
Méditerranéennes de Camargue
12 rue Camille Pelletan
13460 Les Saintes Maries de la Mer
Tél : 04 90 97 72 89
Fax : 04 90 97 72 22

En Avignon

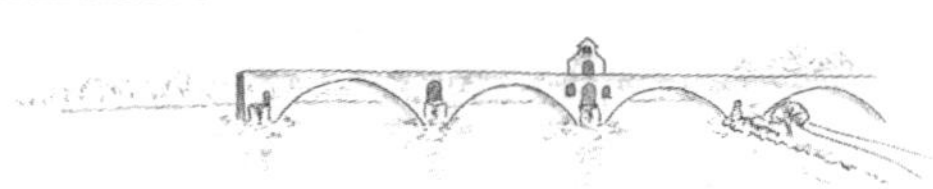

Hôtel-Restaurant La Ferme
Chemin des Bois - Ile de la Barthelasse
84000 Avignon
Tél : 04 90 82 57 53
Fax : 04 90 27 15 47
e-mail : info@hotel-laferme.com
site : www.hotel-laferme.com

Pays de Forcalquier

Emmanuelle Burollet
« Bistrot de pays »
Café-restaurant de la lavande
Le Village,04230 Lardiers
Tél : 04 92 73 31 52

Fabienne « Charmeroy, Maison de goûts »
Salon de thé et restauration
51 rue Carnot
13210 Saint Rémy de Provence
Tél : 04 32 60 01 23, Fax : 04 32 60 08 47
e-mail : charmeroy@aol.com

Les Alpilles

Restauration et stages de cuisine

Roger Merlin, Chef de Cuisine
du Mas des salicornes
Hôtel Restaurant Camarguais
Membre du conservatoire des Cuisines
Méditerranéennes de Camargue
13460 Les Saintes Maries de la Mer
Tél : 04 90 97 83 41, Fax : 04 90 97 85 70
site : www.hotel-salicornes.com
e-mail : contact@hotel-salicornes.co

Camargue

Santons de Provence

Mireille Fouque, Santonnière
Toute l'âme et le climat de Provence
65, Cours Gambetta
13100 Aix-en-Provence
Tél : 04 42 26 33 38, Fax : 04 42 27 67 17
site : santonsfouqe.com, santonsfouque.fr

Pays d'Aix

Association caritative

Le blé de l'espérance Maguy Roubaud
134 Avenue Roger Salengro
13003 Marseille
Tél : 04 96 13 31 13

Marseille

Table des recettes